UN
VERSAILLAIS

PRISONNIER

DE LA COMMUNE

DU 8 AU 28 MAI

—

MONTMARTRE, — LA CONCIERGERIE, — MAZAS

PARIS

A. LAPORTE, LIBRAIRE-ÉDITEUR

LIBRAIRIE ANCIENNE ET MODERNE

46, BOULEVARD HAUSSMANN, 46

7, QUAI MALAQUAIS, ET 1, RUE BONAPARTE

—

1871

Avertissement.

Fait prisonnier par la commune dans des conditions où je ne devais attendre que la mort, et voulant d'ailleurs tromper les anxiétés de cette cruelle perspective, j'avais fixé mes impressions ainsi que mes souvenirs sur des feuilles volantes que ma triste position me forçait de cacher.

À ma sortie de prison, j'ai communiqué ces notes rapides à M*** le S*** L*** D'I***, il a pensé qu'en leur donnant une forme plus littéraire, elles trouveront encore une place assez honorable parmi les nombreux écrits auxquels ces derniers événements ont donné lieu.

À défaut d'autre mérite mes récits ont au moins celui d'être sincère et parfaitement exacts,

j'aurais pu à la rigueur broder des
fantaisies ; mais, rural de cœur
aussi bien que d'origine, j'ai préféré
donner la vérité et rien que la vérité

Hector Malot

Paris le ..... 1871.

PRÉFACE

—

Bien des écrivains ont tracé avec talent les péripéties du régime de la Commune.

Bien peu de choses restent à dire sur les faits et gestes de cette tourbe cosmopolite, venue parmi nous sous l'omnipotent patronage de ce qui reste vivant des agitateurs de 48.

Cependant, ces grandes douleurs de Mgr Darboy et autres éminents martyrs, sans oublier les généraux Lecomte et Clément Thomas, ont étouffé des cris d'angoisses d'hommes obscurs qui sont devenus les égaux, par la souffrance, de ces célébrités malheureuses que je viens de nommer avec le respect le plus profond.

Je me propose donc de faire le récit de tout ce qu'a souffert une victime inconnue, afin que le peuple sache que la grandeur n'est pas la seule à être persécutée lorsque tout s'insurge contre la société , mais encore la vertu du pauvre déshérité qui rougit de s'associer à des actes non moins *cruels qu'infâmes*.

PREMIÈRE PARTIE

MONTMARTRE, LA CONCIERGERIE, MAZAS

LE CLUB SAINT-EUSTACHE

Le 8 mai, six heures du soir sonnaient à l'église Saint-Eustache ; je descendais machinalement la rue Pagevin, lorsque tout à coup mes yeux se portèrent sur une affiche collée sur la muraille de l'hôtel des Postes, rue Jean-Jacques Rousseau ; on y lisait cette lugubre inscription :

RÉPUBLIQUE FRANÇAISE

COMMUNE DE PARIS

CLUB DES 1er ET 2me ARRONDISSEMENTS

ÉGLISE SAINT-EUSTACHE

Réunion générale tous les soirs à 8 heures.

Attiré, ou plutôt alléché par une si belle annonce, je conçus l'idée d'assister à une séance de ces énergumènes, encore que mon désir fût de regagner mes pénates (la Garenne-Colombes).

Fatalité, malheureuse idée qui devint la cause de mon arrestation ; la suite de mon odyssée vous le prouvera. Telle est du moins l'impression qui nous saisit en premier lieu, et n'influe généralement que trop sur notre jugement, si nous nous arrêtons à la superficie des choses ; mais n'y aurait-il pas une volonté, aussi secrète que supérieure, cachée dans le pli de certains événements qui sont indépendants de notre volonté, et ne se pourrait-il pas que ce qui nous paraît mauvais de prime-abord fût précisément utile, sinon nécessaire, dans le fond des choses ? Autrement, d'où viendrait ce proverbe :

« A quelque chose malheur est bon. »

Et de fait, le bonhomme la Fontaine, *le plus grand des philosophes qui ait paru dans le monde,* pour me servir ici de la qualification que lui donne un de nos meilleurs amis, n'a-t-il pas insinué dans une de ses fables immortelles cette pensée que voici, et qui pourrait servir de base à la mienne :

> Quand le malheur ne serait bon
> Qu'à mettre un sot à la raison,
> Toujours serait-ce à juste cause
> Qu'on le dit bon à quelque chose.

J'aurais sans doute d'autres remarques à signaler

. sur ce point, mais cela m'entraînerait trop loin. Je reviens à mon récit.

Comme ventre affamé n'a pas d'oreilles, j'entrai chez un marchand de vins restaurant; je m'assis devant une table qui jadis avait été peinte, il faut le penser. Une vingtaine d'individus, de mines plus ou moins bizarres, se trouvant comme éparpillés dans cet établissement, parlaient et gesticulaient sur les hauts faits d'armes de la Commune; à leur simple allure, je reconnus que ces hommes étaient des habitués, pour ne pas dire des piliers de colonne des clubs. Je me fis servir, avec une chopine, un bœuf à la mode qui, palsembleu! ne laissait rien à désirer; je demandai un journal. A défaut des bonnes causeries de famille ou de personnes amies, il faut bien essayer de les suppléer par la lecture des hommes d'esprit du jour. Par malheur, cette fois, on m'apporta *le Mot d'ordre*, rédacteur en chef Rochefort, comte de Luçay, — triste, douloureuse et regrettable épave de la noblesse française.— Je tombai juste sur un article écrit contre le chef du pouvoir exécutif, article commençant par ces mots : Foutriquet Ier, etc.

J'attendis tranquillement jusqu'à huit heures, moment auquel la foule commençait à entrer dans l'un des plus beaux temples consacrés au culte catholique.

Elle se pressait au portail de droite. Avant de gravir les marches de ce majestueux édifice, je m'arrêtai, désireux de contempler un instant ce spectacle d'un nouveau genre. Je remarquai des hommes, des femmes, des enfants, qui paraissaient plutôt avides de voir que d'entendre; et cetté peuplade de nomades ne ressemblait pas mal à une fourmilière allant d'un trou à l'autre, car il en sortait autant qu'il en entrait; et parmi les personnes qui quittaient la réunion, on entendait prononcer cette phrase :

« Ce n'est que ça? si je l'avais su, je ne me serais pas dérangé. »

D'autres criaient :

« J'aurais aussi bien fait de garder mon sou pour avoir du tabac. »

De chaque côté du portail se tenaient deux hommes qui, d'une voix sinistre, faisaient entendre ces paroles :

« Citoyen... un sou, s'il vous plaît. »

« Citoyenne... un sou... »

Comme les autres, je donne mon obole et j'entre. Une odeur fétide et nauséabonde était répandue dans ce lieu, dont la destination est sainte et où le parfum de l'encens doit seul s'exhaler. Comme le jour de la première communion des enfants du quartier, la nef n'était plus occupée par de jeunes innocents, mais par des gens pervers. Après m'être dé-

mené comme il faut, je pus enfin trouver place... J'é-
tais comme hébété, car, malgré mes cinquante ans
révolus, je ne m'étais jamais trouvé à pareille mas-
carade, ni dans une telle réunion.

La chaire était occupée par un individu qui décla-
mait un discours sur les droits des citoyens et des
citoyennes, non pas assurément à la manière des
Mirabeau, des Camille Desmoulins, mais à la façon
de charlatans plus ou moins déhontés.

Le citoyen président donna la parole à un certain
grand jeune homme maigre, ayant la chevelure longue; mais il en est, je pense, de cette partie du
corps comme de la barbe, dont l'épaisseur peut être
en raison décroissante de l'esprit; témoin ce bouc
qui a donné lieu à ce dire du fabuliste :

« Si le ciel t'eût donné autant d'esprit que de
barbe au menton, tu ne serais pas descendu dans ce
puits à la légère, etc. »

Bref, comme Courbet, notre orateur en herbe
était peintre, mais peintre en bâtiment.

Il gravit les marches de la chaire avec rapidité et
prononça quelques phrases. Sa thèse avait pour
objet :

De l'influence des monarchies sur la liberté.

Le bureau avait pour chef un homme d'un âge
avancé et portant une barbe blanche; ce person-

nage, dont je vais vous faire sommairement la bio-
graphie, porte le nom de G...

C'est un agent d'affaires de neuvième catégorie,
qui, avant de devenir président d'un club, avait travaillé dans la caisse d'une certaine maison de banque dont je tais le nom par pudeur, car le gérant,
qui a le type du juif au suprême degré, n'en avait
nullement les bonnes qualités... Il était retenu loin
de sa caisse bien-aimée pour avoir prodigué des
soins trop assidus à une amie!...

Aussi, cet homme d'affaires avait-il profité large-
ment de l'absence du maître pour vider la caisse
avec soin. Chacun ne prend-il pas son plaisir où il le
trouve? Lui le mettait dans l'escarcelle, et il lui
était doux d'y puiser à loisir! N'était-ce pas son affaire personnelle? et qui pourrait donc y trouver à
redire dans ces temps de complète égalité?

Quoi qu'il en soit, l'aspect de sa physionomie ne
me semblait pas être en rapport avec les agitateurs
du jour; mais les apparences sont trompeuses, hélas!

Au bout d'une demi-heure, je dus quitter l'église;
la fumée du tabac me montait à la tête. Du reste, il
faut bien que je l'avoue ici, mon travail étant un
livre d'histoire et non un roman, ces hommes et ces
femmes poussaient l'outrecuidance, pour ne rien dire
de plus, jusqu'à fumer, jusqu'à frotter des allumettes
sur les autels, jusqu'à rester coiffés Les uns conti-

nuaient une histoire commencée à la porte, et d'autres arrosaient les murs de l'excédant d'un petit bleu pris en trop grande quantité chez le marchand de vins; d'autres... mais la pudeur s'oppose à continuer ce tableau.

Il est bon de dire que le sanctuaire et son pourtour étaient respectés; aucun de ces êtres n'y pouvait pénétrer.

Je sortis le cœur navré de si déplorables choses et tout ensemble d'avoir pris place dans une telle assemblée. Je me hâtai de regagner mon domicile, rue Bonaparte, aujourd'hui rue du Trente-et-un-Octobre. Je me jetai tout habillé sur mon lit, tant j'étais sous le poids d'une forte impression.

Le lendemain, je me levai de bonne heure pour me rendre à la gare du Nord; le premier train pour Saint-Denis partait à six heures; je voulais le prendre, car il me tardait de me trouver à Versailles. J'arrivai au guichet en retard de cinq minutes. Faute d'un point, Martin perdit son âne, dit-on; il fallait que j'attendisse deux heures pour le second départ. Je ne me sentis pas le courage de mettre ma patience à l'épreuve de cet ennui; je résolus donc de me rendre, à pied, de Paris à Saint-Denis. Je remontai la rue du faubourg et la rue de la Chapelle; il était sept heures et demie quand j'arrivai au pont-levis.

J'avais passé le pont et j'allais franchir la palissade en bois, lorsqu'un homme me frappe tout à coup sur l'épaule, en me disant d'un ton assez poli, je dois l'avouer :

« Citoyen, veuillez vous rendre au poste avec moi pour que l'on vous visite. »

J'étais, en effet, porteur d'un petit sac à la main ; il contenait du linge et plusieurs journaux.

Chemin faisant, ce citoyen communard me fit remarquer que le matin même on avait reçu de la Préfecture l'ordre de visiter scrupuleusement, et même de fouiller, tous ceux qui sortaient de Paris ou y entraient.

C'était l'officier du poste.

ARRESTATION

A peine arrivé au poste de la Chapelle, mon sac fut visité ; mes journaux devinrent l'objet d'un examen. J'allais obtenir ma liberté, quand survint à l'improviste, comme au théâtre, un soi-disant délégué de la préfecture à qui l'officier rendit compte de la nature des objets dont j'étais porteur.

Ce délégué, qui n'était autre qu'un homme de bas étage, avait déjà fêté amplement Bacchus, quoique l'heure fût matinale, aussi jugea-t-il bon de me faire conduire chez le commissaire de police. Il m'accompagna après m'avoir mis entre deux gardes nationaux.

On devait me mener directement à Montmartre, rue des Acacias, au commissariat.

Pendant le trajet, une idée vint à l'esprit de ce chef de file émèché par les liqueurs fortes : il me fit entrer dans une maison et monter au deuxième étage ; dans la crainte que je ne prisse la fuite, il fit poster les deux gardes, le revolver à la main, l'un à l'entrée de la maison et l'autre au premier étage.

Il me fit passer devant lui ; arrivés en haut, nous entrâmes dans une chambre où se trouvait un homme assis au milieu d'une table sur laquelle j'aperçus des lettres, des papiers crasseux et deux magnifiques revolvers, volés, selon toute apparence, dans quelque maison de grand seigneur !

Une malpropreté repoussante régnait dans cette chambre, ou plutôt dans ce bouge ; cet individu avait une figure livide, couleur de safran, son regard était inquiet, ses mouvements trahissaient une gêne marquée ; il avait, en un mot, la tournure d'un échappé de Brest ou de Toulon.

Le délégué me présenta à lui en disant :

« Que l'on venait de m'arrêter à la porte de la Chapelle ; que je portais un petit sac dans lequel se trouvaient des effets de lingerie et plusieurs journaux; que tout cela lui paraissant suspect, il m'avait fait arrêter; que, du reste, depuis longtemps j'étais signalé comme ayant des intelligences avec les ruminants de Versailles.

« Citoyen, qu'en pensez-vous? Que faut-il en faire? »

Pour toute réponse, son affidé, car c'en était un, lui dit :

« Menez cet homme chez le citoyen commissaire, et si cela ne dépendait que de moi, je ferais fusiller sans autre forme de procès toute cette clique de Ruraux au fur et à mesure de leur arrestation! »

Il va sans dire qu'un tel énergumène ne se fait pas scrupule de l'emploi des f..... et des s.... aussi souvent que l'occasion lui en est offerte; il les créerait au besoin.

Toujours est-il que je n'ai eu à répondre à aucune question.

Nous nous remîmes en route pour la rue des Acacias, et c'est à mon grand regret qu'en sortant de cette maison j'ai oublié de prendre le numéro et le nom de la rue.

Arrivés près du théâtre Montmartre, au poste du commissaire, celui-ci était absent.

Le citoyen délégué fit sa déclaration au citoyen remplaçant du commissaire, qui se mit à me fouiller.

Il me prit mon portefeuille, qui contenait mes papiers et cinq billets de banque de 25 francs chacun.

Mon couteau me fut également enlevé ainsi qu'une bouteille d'huile d'amande douce, avec quelques papiers insignifiants que j'avais dans ma deuxième poche.

Sans dresser aucun état de ces différents objets, il les mit dans le petit sac avec le linge et les journaux ; il fit signer le délégué sur un registre, ainsi que les deux gardes nationaux, comme quoi ils m'avaient arrêté à la Chapelle, toujours... comme correspondant avec Versailles.

On me fit mener en prison un peu plus loin, au pied de la butte Montmartre.

Je me trouvai en compagnie d'une demi-douzaine de pauvres diables qui ne m'ont nullement paru être partisans de la Commune, à en juger par ces procédés.

On nous laissa jusqu'au lendemain à onze heures, à l'exception de quelques-uns qui sont venus dans la nuit, et qu'on a relâchés vers neuf heures.

Vers onze heures un quart, on nous conduisit à trois chez le commissaire de police. Après nous avoir interrogés séparément et avoir dressé procès-verbal, un de nous est mis en liberté ; quant à nous, notre renvoi est ordonné dans la même prison.

Le commissaire se trouvait dans son cabinet en

compagnie de l'homme qui m'avait fouillé la veille.

C'est un tout jeune homme, assez grand de taille, blond de figure, avec barbe naissante... Il m'a paru assez érudit.

Il me fit placer vis-à-vis de lui. Dans cette position, j'étais également en face d'un grand buste en plâtre représentant la République coiffée du fameux bonnet phrygien.

Depuis vingt-quatre heures nous n'avions rien eu à mettre sous la dent, si ce n'est un morceau de pain bien léger et un peu d'eau. Nous avions passé la nuit couchés sur des planches, grelottant de froid à ce point que nous étions obligés de nous serrer les uns contre les autres pour nous réchauffer.

Il était quatre heures lorsque les verrous grincèrent tout à coup; la porte s'ouvrit : c'était un des secrétaires du commissaire; il venait nous annoncer que nous allions être transférés au dépôt de la Préfecture, où notre sort allait se décider. On me fit sortir ainsi que mon camarade, puis une jeune fille à vertu fragile, dévouée, hélas ! au culte de Vénus, et qui se trouvait enfermée dans un des compartiments de cette prison improvisée.

Il donna l'ordre à un caporal et à quatre hommes de charger leurs armes et de nous escorter jusqu'à la Préfecture de police.

Nous suivîmes l'itinéraire suivant : la rue des

Martyrs, le faubourg et la rue Montmartre, les Halles, la rue et le Pont-Neuf, puis le quai des Orfévres; enfin nous entrâmes dans une petite rue étroite que l'on m'a dit être la rue de Jérusalem.

En traversant la rue des Halles, près la station des omnibus qui font le service de la pointe Saint-Eustache à la Maison-Blanche, nous fûmes insultés par un groupe de femmes assez nombreux qui se trouvaient sur le trottoir. Sans la garde qui nous escortait, il va sans dire que ces mégères communeuses nous auraient fait un mauvais parti.

Après avoir passé par trois ou quatre couloirs obscurs et dérobés, nous nous trouvâmes au pied d'un petit escalier en planches, construit pour la circonstance sans doute.

Celui qui avait donné l'ordre au caporal de nous conduire à la Préfecture s'y trouvait. On nous fit rester vingt minutes; pendant ce temps, mon compagnon de captivité se mit à pleurer en me disant :

— Est-ce que l'on va nous fusiller?

Je le rassurai de mon mieux, lui faisant espérer qu'il n'aurait que la prison à supporter; mais à toutes mes réflexions il me répétait sans cesse ces mots :

— Mourir à vingt ans, c'est bien dur! et mes pauvres parents!

Je lui demandai qui il était et comment il se trouvait là.

2.

— Je suis, me répondit-il, un jeune séminariste ; j'ai voulu quitter Paris sous un déguisement. J'avais pu obtenir un laisser-passer d'emprunt, moyennant cinq francs, et c'est la personne elle-même qui me l'a délivré qui me fit arrêter au pont-levis de Pantin en allant me dénoncer au poste.

Jugez par là, monsieur, des procédés et des moyens que la Commune emploie pour faire des victimes.

Enfin, on nous fit monter l'escalier et entrer dans une salle qui servait de greffe. — Sur une table, comme pièces de conviction, était mon sac ainsi que le portefeuille du séminariste, que l'on interrogea avant moi. — On s'aperçut que les papiers ainsi que le laisser-passer dont il était porteur étaient faux ; aussi le citoyen interrogateur profita-t-il de cet incident pour admonester sévèrement ce jeune homme, vociférer contre le clergé et ordonner qu'il soit mis dans un cachot. Il quitta la salle en me lançant un regard de supplication. Que pouvais-je faire ?... Rien.

Le communard avait eu raison sans doute de gourmander ce pauvre novice, qui apprenait heureusement ainsi à ses dépens, non moins qu'avec justice, ce que ses maîtres avaient pris soin de lui enseigner, savoir,

« Que la voie du mensonge est mauvaise et réprouvée. »

Mais le grave tort du citoyen-juge est d'autant

plus regrettable, qu'il imputait malicieusement aux cléricaux une faute dont ils étaient innocents ; qu'ils sont d'ailleurs les premiers à la déclarer détestable et à la prévenir par cela même, si les auditeurs étaient fidèles à leur enseignement.

Or, nous ne saurions trop, ce me semble, nous élever avec force contre ce déplorable travers, qu'il n'est malheureusement pas rare d'y voir tomber parfois certaines personnes de bien elles-mêmes, et cependant la justice et la vérité sont choses si admirables, si divines pour mieux dire, que nous devrions être soigneux de n'y jamais porter la plus légère atteinte.

Bref, c'était mon tour.

D'un ton grave et sévère, le greffier me demanda mes nom et prénoms. Après les lui avoir déclarés, sans qu'il m'interrogeât ni sur le lieu de ma naissance, ni sur celui de ma résidence, il me demanda quel était le motif de mon arrestation. — Je lui répondis que j'en ignorais complétement la cause.

Au milieu des pièces de conviction qui se trouvaient étalées sur le bureau du soi-disant greffier, je remarquai deux revolvers posés sur chaque coin de la table, joujoux favoris de ces hommes immondes, sans parler de bouteilles de liqueurs alcooliques d'un degré supérieur, et tout à la fois de femmes d'une immoralité au-dessus de la moyenne.

Sans donner aucun signe de blâme ou d'approbation, ledit greffier mit une étiquette sur mon sac et me fit conduire dans une pièce voisine, où pour la seconde fois je fus fouillé.

Enfin, après avoir traversé une grande galerie, j'arrivai dans une autre chambre où on me donna la moitié d'un pain de munition, tout en prenant de nouveau mes nom et prénoms, après quoi on me fit passer sous la toise.

1 mètre 78 centimètres, telle a été trouvée ma taille. Elle est belle sans contredit; je le dis en toute simplicité, parce que je n'y suis pour rien et n'en ai par cela même aucun mérite; mais pour bien dire néanmoins, c'est un grave inconvénient dans les temps que nous traversons : les biscaïens et les balles ont beaucoup trop de marge sans doute. C'est ainsi que, tout bien considéré, chaque chose a son bon et son mauvais côté ici-bas.

Après toutes ces allées et venues, je fus dirigé vers une petite cour qui contenait environ soixante prisonniers : mon entrée fut une fête pour eux; ils se mirent à crier en chœur, les uns : vive la Commune! les autres à bas la Commune!

Dans le nombre, j'en entendis quelques-uns qui me lancèrent des épithètes plus ou moins grossières; par prudence je ne répondis pas.

Il en est de certaines choses dégradantes de l'esprit comme de la boue qui disparaît facilement quand on la laisse sécher sans y avoir, en quelque sorte, pris garde ; tandis qu'elle s'étend et pénètre si l'on veut se rebiffer, pour ainsi dire, contre elle.

Ce qui me frappa le plus, c'était le nombre des chiffonniers qui s'y rencontraient, comme aussi les surnoms qu'ils se donnaient entre eux.

L'un s'appelait Gambetta, l'autre Flourens, celui-ci Jules Favre ; celui-ci, etc., etc. On ne peut pas se figurer les pointes et les reparties spirituelles de cette partie grouillante de Paris.

Six heures sonnaient à l'horloge du Palais de Justice, lorsqu'un gardien vient ouvrir la porte de la cour, c'était à qui sortirait le premier et devancerait les autres pour arriver dans une grande salle voûtée, véritable capharnaüm qui servait de salle à manger, de dortoir, etc., etc., etc. Ces malheureux se bousculaient pour obtenir une place sur les paillasses que l'on venait de ranger ; quant à moi, comme j'entrai un des derniers, et cette pauvre literie se trouvant occupée, il fallait me résigner à passer toute la nuit sur un banc de pierre de taille, adossé le long du mur, lorque par bonheur un gardien vient appeler quatre individus qui devaient être transférés à la maison du Cherche-Midi. Cet incident me permit de profiter de la place qui m'avait été faite aussi opportunément que nécessairement.

UN DÉPOT A LA PRÉFECTURE

J'arrivai à la Préfecture le 10 mai au soir, et j'y restai jusqu'au 20 du même mois. — Pendant ce séjour j'eus le temps de faire une étude de mœurs très-complète ; aussi vais-je vous en esquisser un portrait quelconque.

Je me trouvais au milieu de trois catégories d'individus : il y en avait à peu près un tiers de voleurs, un tiers de vagabonds et un tiers d'hommes qui, comme moi, devenaient suspects à la Commune, soit par je ne sais quelle apparence rurale instinctive ou de nature, soit parce qu'ils ne voulaient pas faire partie de cette garde nationale, formée par le personnage trop célèbre appartenant à ce pompeux comité central de triste mémoire.

La première se compose de voleurs et d'apprentis voleurs, car, dans leurs conversations, ils font entre eux une sorte de cours régulier sur la manière de mettre à exécution leurs lugubres projets lorsqu'ils seront rendus à la liberté. Même dans la prison ils poussent la monomanie du vol, ne pouvant vous ravir autre chose, jusqu'à vous *chiper votre pain* (c'est l'expression propre ou technique) pour peu que vous commettiez l'étourderie de le poser sur les planches.

La seconde catégorie se forme d'individus plutôt habitués à coucher à la belle étoile que sous un toit quelconque : ce sont les malheurex vagabonds qui n'ont plus qu'un pas à faire pour passer de la police correctionnelle sur les bancs de la cour d'assises ; ils sont dans un état de délabrement complet, et le plus souvent voisin de la nudité ; joint à cela certains animaux, qui pourraient bien avoir tourmenté le saint homme Job, se promenant à leur aise soit sur eux, soit à côté d'eux.

Voilà le tableau pris sur le fait. Pour l'homme qui n'a pas plus perdu un certain amour-propre légitime qu'une conscience plus ou moins pure, figurez-vous, s'il est possible, de l'effet que peut produire sur lui un contact aussi repoussant.

Quant à moi, je pris une forte résolution, c'était celle d'attendre patiemment les événements.

Je vous ai raconté de quels éléments hétérogènes se composait cette société. Veuillez me permettre maintenant de vous faire passer une journée au dépôt : mais auparavant je dois à la vérité de dire que tous ces hommes regrettaient le gouvernement déchu, au point de vue de la police qui agissait, disaient-ils, beaucoup moins arbitrairement sous l'Empire que sous le régime de la Commune.

Dans ce capharnaüm, il y a obligation de se lever

chaque jour à six heures ; à un signal donné, on porte sa paillasse dans une espèce de cabinet noir contigu à la salle commune.

A sept heures vous défilez un à un, comme des moutons qui sortent d'une bergerie.

Au lieu de vous marquer sur le dos, un pain de munition vous est donné. Vous passez dans une petite cour qui peut contenir de 25 à 30 détenus en temps ordinaire, mais pendant le temps extraordinaire de la Commune, on y entassait le double, sinon davantage.

Quand l'heure de rentrée est arrivée (neuf heures et demie), un des gardiens vient vous ouvrir la porte, il vous fait reprendre le même itinéraire qu'en sortant, et cela toujours les uns derrière les autres.

A l'entrée de la porte, à l'endroit même où chacun a reçu son pain, il y a deux hommes qui vous donnent en main une gamelle de terre ; à côté se trouve posté le cuisinier qui verse, dans cette gamelle que vous lui tendez sur le bord de la marmite, environ trente centilitres de bouillon.

C'est là votre portion.

Vous rentrez dans la salle, et à peine le dernier est-il passé, la porte se ferme avec un tour de clef.

Vous prenez place sur les bancs ou vous vous asseyez sur les dalles pour prendre ce confortable : voilà donc votre déjeuner.

Pour comble de bonheur, vous êtes encore forcé, si vous mettez tremper votre pain avec le bouillon, de manger avec vos doigts. Le couvert n'est pas en usage dans ce splendide hôtel.

Ce potage est composé de légumes secs, pois, haricots ou lentilles, quelques légumes y sont additionnés, mais en petite quantité.

Voilà qui n'est pas trop substantiel, d'autant plus que la graisse y fait complétement défaut.

Après avoir pris votre consommé, vous déposez votre gamelle à l'entrée de la porte, au dedans, comme de juste, peu après les hommes de corvée viennent tout enlever.

Cela doit vous suffire jusqu'à trois heures et demie du soir.

L'heure arrivée, même répétion que le matin, avec cette différence que vous ne sortez pas de la salle.

On vous fait passer également les uns derrière les autres, et toujours en vous comptant, en vous donnant votre gamelle, que vous tendez pour y recevoir de suite le complément de votre dîner.

Également trente centilitres en légumes secs, les mêmes qui ont fait le bouillon du matin, si ce n'est qu'il y une addition d'assez de graisse pour qu'on ne puisse le sentir.

En plus de l'appétit que chacun peut avoir, ce qui peut encore encourager, je dois le dire : c'est que cuisinier et marmites sont d'une propreté peu commune.

Les marmites sont en cuivre étamé, luisantes comme de l'or.

Le pain y est assez bon, quoique mélangé de trois sortes de farine, seigle, blé et orge.

Après vos repas, si vous avez soif, vous avez votre gamelle : vous n'avez besoin que d'aller poser votre main droite sur le bouton de la fontaine ; de l'eau à volonté et toujours de l'eau. Elle y est excellente.

Ceux qui ont de l'argent peuvent se procurer du vin et quelques douceurs.

Le cantinier passe deux fois par jour : matin et soir.

En entrant, j'avais un peu d'argent que ces braves... communards avaient cru bon de me laisser, en dehors des 125 francs qu'ils m'avaient pris ; j'ai pu pendant quelques jours prendre 25 centilitres le soir, et malgré cette petite quantité, je sentais qu'elle me faisait beaucoup de bien ; du reste, le vin y est excellent.

Ma bourse épuisée, je fus réduit à boire de l'eau ; aussi, je suis devenu si faible, qu'aujourd'hui c'est à peine si je vois clair pour écrire ces lignes ; je suis obligé de m'arrêter toutes les demi-heures, ma vue se troublant au point qu'il m'est impossible de lire ce que j'écris.

Le jeudi et le dimanche, bouillon et bœuf le matin ; le soir, une portion de viande, qui est passable en quantité, mais en qualité...   .

De quatre heures et demie à six heures, sortie dans la cour, pendant que les hommes de corvée balayent la salle et posent toutes les paillasses.

On peut juger de la répugnance que tous peuvent avoir en pensant que chacun peut se coucher sur la paillasse precédemment occupée par un galeux ou par un homme couvert de vermine.

C'est le cas de le dire : il faut passer par là ou par la porte, puisque vous êtes obligé de prendre celle qui se trouve sous votre main.

En dehors des repas et des sorties dans la cour, voici comment la journée se passe dans cette triste demeure.

Le proverbe : *Dis-moi qui tu hantes, je te dirai qui tu es*, trouve ici sa justification en toute vérité.

Comme je vous le faisais remarquer plus haut, les voleurs vivent entre eux ; les uns se promènent dans la salle, causant ensemble. Ils insultent les pauvres misérables déjà âgés en les bousculant pour les faire tomber ; ils poussent des cris de joie quand ils y parviennent ; les autres se livrent à des jeux qui leur sont familiers, ou ils cherchent à rapiner du tabac, un mouchoir, un couteau, de l'argent s'ils le peuvent. Toujours est-il que ces mauvais garnements ne s'arrêtent pas de la journée, et le soir ils empêchent encore les autres de dormir.

La plupart n'ont pas atteint leur vingtième année. Le matin on avait amené une bande de douze apprentis de cette espèce, qui pillaient autour des Halles les marchands de salaisons.

Les vagabonds, qui sont ordinairement des gens âgés, se tenaient dans un coin de la salle, accroupis à la manière des tailleurs, cherchant à trouver une consolation dans le sommeil; d'autres sans nulle pudeur, mais moins paresseux, se nettoyaient à la fontaine.

La troisième catégorie consiste en personnes qui, comme moi, avaient été arrêtées sans aucun motif (1); elles passent leur temps à se promener, à causer les unes avec les autres, encore qu'elles se tiennent néanmoins entre elles sur une certaine réserve, de peur de se compromettre. Que sait-on ?... Quand des gens, d'ailleurs recommandables apparemment, ne se trouvent en relation que fortuitement, et non de vieille date ou par recommandation de bon aloi, il est très-bon de pratiquer ce conseil devenu proverbial :

« De tout inconnu le sage se défie. »

Cela ne veut pas dire qu'il suspecte, mais il a le devoir de ne pas se livrer tout entier de prime abord, selon l'élan et un bon cœur; en un mot, il examine

(1) En apparence.

soigneusement si le signe manifeste est l'expression vraie du fond des choses que ce signe fait supposer et que les apparences semblent révéler d'ailleurs.

Dans le cas contraire, la prudence se trouve immédiatement récompensée, car il échappe à une perfidie plus ou moins grave dont les conséquences peuvent être par cela seul incalculables.

Or, nous connaissons des personnes dont la vie tout entière sera peut-être plus ou moins tourmentée, sinon compromise, pour n'avoir pas mis suffisamment en pratique cette circonspection aussi rare, hélas ! qu'elle devient en quelque sorte chaque jour de plus en plus nécessaire.

Ah ! que nous sommes loin de la vérité, aussi bien que de la fiction du fabuliste, sur ce point important !

Néanmoins et pour conclure cette digression non moins utile qu'importante, nous l'espérons bien dans l'intérêt de nos lecteurs, souvenons-nous de ces imcomparables paroles :

« Soyez prudents comme le serpent, et simples comme la colombe. »

Tout bête qu'il est, celui-là ne sort jamais du lieu de son repos sans s'être préalablement assuré qu'il est le maître du terrain en ce qu'il ne doit rencontrer dans son parcours aucun ennemi sérieux dont la présence serait de nature à l'inquiéter.

3.

Bref, je reviens à mon récit. Il y avait à peine deux jours que je me trouvais enfermé au milieu de cette populace (c'était le 12); les heures me paraissaient des siècles; ce qui me contrariait encore plus, c'était de ne pas subir un interrogatoire.

Je fis part de mon chagrin à un de mes codétenus: celui-ci me répondit de ne pas me désoler. — « Parmi nous, ajouta-t-il, plusieurs se trouvent au dépôt depuis plus de vingt jours. »
Je pris mon mal en patience, bien résolu d'attendre les événements.

Je terminais cet entretien, lorsque deux hommes parurent à une fenêtre qui se trouvait au-dessus de la porte d'entrée. L'un de ces deux hommes était le directeur de la prison!

Venaient-ils pour parler? c'est ce qu'on n'a jamais pu savoir, car aussitôt qu'ils furent aperçus la majeure partie des prisonniers se mit à crier :

« A bas la Commune !

« A bas le directeur!—Qu'on le mène à la potence!» Et bien d'autres épithètes et insultes du même genre s'ensuivirent.

Le directeur ayant disparu, le calme reprit son cours habituel; ce n'était que partie remise néanmoins.

LA RÉVOLTE AU DÉPOT

Lorsque le directeur eut quitté la fenêtre, la journée se passa sans tumulte, et, comme je vous le disais, ce n'était que partie remise au lendemain vendredi 12.

La plupart des détenus ignoraient ce complot. Un calme plat régna jusqu'à midi, heure à laquelle les agitateurs se mirent à entonner de toutes leurs forces *la Marseillaise*, en excitant les vieux et les jeunes à faire chorus avec eux.

Inutile de dire que la bande de voleurs était en tête. Les gardiens se présentèrent, espérant que leur présence calmerait ces hommes déchaînés. Le gardien chef leur dit qu'il était défendu de chanter. A cet avertissement, il y eut un peu de silence, quoique dans les groupes on entendît beaucoup de chuchotements précurseurs d'un violent orage ; il allait éclater en effet.

Un homme d'une mise exquise, portant le costume bourgeois, coiffé d'un chapeau haute forme, cet homme, dis-je, entra suivi du gardien.

Quel était ce personnage communard ? Était-il l'infâme et criminel Rigault? On n'a pu le savoir ; personne ne le connaissait.

Aussi prompts qu'un éclair, trois des plus jeunes meneurs du complot l'entourent, et l'un d'eux lui donne un violent coup de poing sur son gibus qui s'enfonce jusqu'au menton.

Dans cet état déplorable, ce malheureux se démène comme il peut, tâchant de retirer son pauvre chapeau qui a été aplati comme une punaise ; le gardien qui l'accompagnait tâche de le protéger de son mieux en faisant tout ce qui était en lui pour l'emmener dehors ; mais le couvre-chef est saisi de nouveau des mains de son propriétaire ; semblable à un ballon, il est à coups de pied renvoyé d'un bout de la salle à l'autre.

Pendant que les uns se livraient à cet exercice, les autres évertuaient leur esprit à chercher des insultes et à trouver des quolibets.

L'heure du repas arrivant, tous rentrent dans le calme pendant quelques heures encore.

Les hommes de corvée apportent les marmites pleines de haricots ; chacun passe à son tour prendre sa ration ; tout le monde mange sans rien dire, à l'exception d'un seul, toutefois, qui lance sa gamelle et son contenu au plafond.

La gamelle se brise et les haricots restent attachés au plafond, ce qui excite une hilarité générale

Mais l'orage ne fait que commencer.

Les détenus qui ne faisaient pas partie du complot vont placer leurs gamelles où ils avaient coutume de les déposer, sans savoir quel coup de théâtre allait se préparer.

En un clin d'œil, toutes les gamelles sont lancées sur le dallage et volent en éclats. Jugez donc de l'effet de ces pétards improvisés. Cependant, à un tel bruit, aucun gardien n'apparaît. Le directeur seul, avec son air dictatorial, se présente et demande le nom des perturbateurs, des auteurs des faits qui viennent de se passer.

Le temps d'en dire davantage ne lui est pas donné. On crie :

« A la porte! à bas la canaille! à bas tous les voyoux qui l'entourent! »

Le directeur se sauve en tirant la porte sur lui.

Pendant cette scène, deux gardiens se rencontrèrent qui, d'une croisée, les excitaient par leurs gestes. Pour quelle cause? Personne ne le sait.

Les émeutiers commencèrent à ramasser les morceaux éparpillés des gamelles et se mirent à les lancer contre les vitres, dont plusieurs volèrent en éclats.

Le directeur, accompagné d'un commissaire de police, se présenta de nouveau.

Quel était ce commissaire? Sans doute, encore un

de ces hauts fonctionnaires de la Commune, créé sur l'heure commissaire de police ; et ce qui me fait ajouter foi à une supposition de cette nature, c'est qu'au lieu de porter l'écharpe écarlate, il portait la ceinture tricolore.

Le temps lui avait manqué, selon toute apparence, pour se mettre dans la tenue de rigueur nécessaire afin de faire respecter la loi. Il n'avait nullement regardé à la couleur de son uniforme.

Le directeur signale au citoyen commissaire le chef supposé des émeutiers.

Le commissaire communeux s'avance, plus mort que vif, vers cet homme, en prononçant les paroles sacramentelles :

« *Au nom de la loi, je vous arrête ;* » paroles qui semblent jurer dans la bouche des communards, eux qui s'affranchissent de toute règle et ne respectent ni la loi, ni le droit des gens, en un mot absolument rien.

A peine ces mots furent-ils prononcés : « Au nom de la loi, je vous arrête, suivez-moi, » que commissaire et directeur reçoivent des bourrades, des coups de poing dans le dos. Il fallut derechef détaler sans tambour ni trompette, et encore plus vite que la première fois.

Enfin le directeur, se sentant protégé par deux gardiens, se mit à haranguer les révoltés à tra-

vers la porte, disant que « si on ne lui dénon-
çait pas de suite les auteurs de cette échauffourée...
il nous laisserait pourrir tous dans cette salle. »

Plusieurs lui répondent :

« Avant huit jours, peut-être, c'est nous qui t'y
mettrons dans cette salle, et on ne te donnera pas
le temps d'y pourrir toi-même, comme une c..... et
un v..... que tu es. » (Textuel.)

Les deux gardiens dont j'ai déjà parlé étaient toujours en spectateurs à la fenêtre et riaient à gorge
déployée.

Une demi-heure se passe dans le silence; tout à
coup un gardien se présenta pour faire sortir tout
le monde. Lorsqu'un tiers fut sorti, la porte se
referma, et ils furent conduits dans un autre endroit,
car aucun ne revint. (C'était la majeure partie des
pertubateurs.)

Le lendemain matin, on vint encore en chercher
six. — Ce qu'il y a de remarquable, c'est que toute
la bande de voleurs s'est trouvée dans le nombre.
Leur départ fut pour nous un jour de fête... Nous
allions enfin pouvoir jouir d'un peu de repos.

Le directeur de la Conciergerie était un homme
au-dessus de la trentaine, d'une assez forte taille,
portant les cheveux (d'un ton rouge d'or), à la façon
de Louis XIV. Un collier, une barbe de même teinte,
encadrait son visage.

Il boitaitde la jambe gauche, portait des lunettes, et chez lui le physique et le regard avaient un aspect dur et méchant.

Son petit commissaire était tout autrement. — Il plairait beaucoup mieux au sexe qu'il ne convient à remplir les fonctions sérieuses que la Commune a mises en ses mains.

Cheveux noirs, front couvert, une petite moustache naissante et pâle de figure : absolument la tournure et la mise d'un employé de commerce sans emploi pour l'instant.

Nous voici arrivés au 13.

A partir de ce jour jusqu'au 20, toujours beaucoup d'arrivants et peu de sorties.

Le 14 s'est passé sans rien entendre.

Le 15, à trois heures et demie, le directeur, accompagné d'un gardien, s'est présenté à la porte avec une grande liste.

Il nous fit mettre tous sur un seul et même rang, avec ordre de répondre chacun à l'audition de son nom.

Tous les appelés obéirent et passèrent au fur et à mesure dans la cour ordinaire de la promenade.

Pourquoi cet appel, puisque nous étions tous inscrits au greffe ? C'est que dans cette Préfecture de police dirigée par la Commune, il existe des désordres à n'en pas finir.

Il y avait parmi nous neuf détenus qui n'avaient pas été inscrits en entrant. Cet appel, qui venait d'être fait, avait donc simplement pour but de rectifier la liste nominative qui, pour les vivres, se trouvait surchargée de neuf personnes de plus que la liste du directeur.

Quand nous fûmes tous entrés dans la cour, il est venu sur le seuil de la porte un gros et grand gaillard coiffé du képi du grade de lieutenant; c'était soi-disant un des chefs de la police de la Commune.

Il vint nous dire que nous allions passer successivement devant le juge d'instruction ; que ceux parmi nous qui n'auraient pas de charges pour être retenus seraient immédiatement mis en liberté.

Il ajouta que les citoyens juges (ils sont plusieurs sans doute) allaient siéger jusqu'à dix heures du soir.

On en fit passer de suite une demi-douzaine des premiers qui se trouvaient sur le seuil de la porte.

Environ une heure et demie après, tous revinrent ensemble avec beaucoup de promesses de liberté pour le lendemain.

Le lendemain arrivé, tout a été parfaitement tranquille, aucun appel n'ayant été fait ni pour l'instruction, ni pour les mises en liberté.

Le 17, rien encore, si ce n'est qu'étant dans la

cour à la sortie du soir, la porte s'ouvre comme l'avant-veille.

Deux hommes se présentent pour parler : on fait silence et on les écoute.

L'un d'eux vient nous déclarer :

« Qu'à partir de demain, l'instruction allait marcher sans désemparer ; que s'il y avait un retard, c'était parce que dans la crise actuelle il avait été impossible de s'organiser et qu'il serait fait de suite satisfaction à chacun de nous.

Encore des promesses et toujours pour le lendemain. — Quelle habileté coupable, si ce n'est une négligence qui ne le serait pas moins !

Cet homme portait au revers du collet de son pardessus une frange rouge avec une rosette dans le milieu.

Toujours des hommes dans la première période de la vie.

Il paraissait avoir trente ans, taille au-dessus de la moyenne, forte corpulence, brun foncé, ne portant ni barbe ni favoris ; son regard était peu agréable.

Son compagnon n'a pas proféré une syllabe ; il portait toute sa barbe.

Nous voilà arrivés au 18.

Grand mouvement d'allées et venues.

Les entrants sont tous des jeunes gens qui viennent nous dire qu'on les a pris dans la rue sous les prétextes les plus futiles.

Quant à l'appel des sortants, ce sont simplement des anciens que l'on emmène, dit-on, à la Santé.

Grand déménagement le 19.

Quelques-uns sont interrogés; les autres, non.

Aucune liberté ne leur est accordée.

On les conduit directement rue du Cherche-Midi pour être dirigés de suite aux travaux de terrassement sur les remparts ou aux barricades, sinon quelques-uns pour l'artillerie.

Ce sont tous des hommes qui n'ont pas atteint quarante ans.

Dans la nuit du 19 au 20, il en est arrivé 26 pour partager le même sort que le nôtre.

La plupart, pour ne pas dire presque tous, étaient des jeunes gens de bonnes maisons des quartiers Montparnasse et Montrouge que des gardes nationaux avaient pris le soir pendant une promenade dans les rues ou dans les établissements.

Il est facile de conclure de cet ensemble de faits qu'il y avait des desseins cachés, d'autant plus que l'armée de Versailles se trouvait, vers cette époque. à 300 mètres des remparts.

Le 20.

Il était huit heures du matin quand un gardien vint chercher dix hommes pour aller à l'instruction.

D'après les rapports qu'ils nous firent en rentrant, le juge s'abstenait même de demander leurs noms et prénoms.

Il n'avait sur son bureau ni rapports ni procès-verbaux constatant le but de leur arrestation, non plus que celui du transfert au dépôt.

Il vous demandait simplement pourquoi vous aviez été arrêté.

L'inculpé pouvait répondre ce qui lui venait à l'esprit.

Exemple :

Un jeune homme avait été mis en prison pour avoir été reconnu l'auteur du vol d'un cheval et d'une voiture. Au lieu de répondre affirmativement, il dit au juge qu'on l'avait arrêté parce qu'il était pris de boisson.

— Êtes-vous de la garde nationale? continua le juge.

— Non.

— Eh bien, lui dit le magistrat de la Commune, je vais vous envoyer à la caserne de Reuilly pour y être habillé et équipé, afin de vous envoyer de suite dans les compagnies de marche.

Il me serait difficile de rendre la joie que le jeune voleur éprouvait en nous racontant un tel résultat obtenu contre toute prévision... puis il ajoutait :

—Je ne m'en contenterai pas longtemps et j'aurai bientôt fait *de me donner du pied.*

Il se nomme V. L.

A ses manières, on pouvait facilement juger de sa culpabilité, car il portait déjà l'empreinte précoce d'un de ces hommes qui semblent taillés pour gagner sans peine la décoration de chevalier d'industrie.

Un autre.

On lui demande également pourquoi il est arrêté.

Il répond « qu'étant soldat de la ligne, il avait eu son congé comme ayant repris du service pour la durée de la guerre seulement.

« Qu'il n'avait voulu faire partie de la garde nationale à aucun prix, attendu qu'il ne voulait pas se battre contre son régiment qui est à Versailles. »

Le juge lui demande de quel pays il est.

Il se trouve que juge et inculpé sont du même canton, et à huit kilomètres de distance.

Nos deux compatriotes font donc connaissance, et par une de ces coïncidences aussi singulières que rares et spéciales, le soldat réfractaire de la Commune a, dans son jeune âge, *gardé les oies chez le père du juge.*

La conversation change; on parle de l'engraissement de la volaille dans le pays, où c'est une des premières industries. On se donne la main et on signe

4.

de suite la mise en liberté de celui qui, sans cet incident, aurait été, malgré lui, mis à la tête de l'armée insurrectionnelle.

Voilà encore une bonne action à la manière des représentants de la Commune.

L'interrogatoire des dix a pu durer une heure, et deux heures plus tard, on vint faire l'appel de quarante-huit détenus y compris les vingt-six du matin, tous pris parmi les plus jeunes.

On les fit sortir dans la grande galerie à l'appel de chaque nom.

Nous avons su, dans le courant de la journée, qu'ils avaient été dirigés sur la caserne de Reuilly, par pelotons et au milieu d'une haie de gardes nationaux.

Tous allaient sans doute également subir le même sort que le jeune voleur dont je viens de parler plus haut.

Plusieurs d'entre eux sont nouvellement mariés et établis. Quelques-uns sont peut-être les soutiens de leurs père et mère, infirmes ou non ; la plupart, enfin, sont l'unique espérance de ceux qui leur ont donné le jour.

Quelle ne fut donc pas la douleur de chacun d'eux ! Pour s'en convaincre, il suffit de penser que presque tous sont partis sans qu'il y ait possibilité de connaître le lieu où ils peuvent se trouver, et sans savoir si jamais ils reviendront, fussent-ils à peu de distance.

Voilà ce que cette monstrueuse insurrection nous a amené. Le malheur est qu'elle n'est pas encore étouffée.

Il faut espérer que la Providence permettra bientôt qu'avec la force, la victoire restera au droit.

On parle de clémence!

Oui, de la clémence... aux hommes qui ont été indignement trompés et abusés dans ces tristes circonstances, et malheureusement ils ne sont que trop nombreux.

Mais aux auteurs principaux de ce criminel abus... de la clémence?...

Non!... les châtiments les plus durs devraient les atteindre... et ce ne serait que justice.

Toujours le 20 mai.

Il était trois heures du soir; la porte de notre prison s'ouvre de nouveau.

Un gardien arrive avec une liste de huit hommes; 1 fait l'appel; j'y suis compris.

On nous fait sortir comme ceux du matin.

Un des nôtres demande au gardien si c'est à l'instruction que nous allons être conduits. Pas de réponse.

Dans ce court instant d'attente, vis-à-vis l'endroit où nous nous étions postés, un malheureux venait de se pendre dans sa cellule ; il respirait encore quand on s'en est aperçu.

Nous sommes conduits dans une salle assez spacieuse, à l'entrée d'une porte de sortie donnant dans une des cours attenant à la Préfecture.

Nous voici enfermés sans savoir ce que nous allions devenir.

Presque aussitôt, plusieurs compagnons d'infortune, qui étaient enfermés dans des cellules particulières ou dans d'autres salles attenant à celle d'où nous sortions, vinrent nous rejoindre au nombre de vingt.

Dans ce chiffre, il y avait des hommes appartenant à toutes les classes, entre autres quatre prêtres et un capitaine de la garde nationale qui, nous dit-il, venait de rendre visite à l'un de ses cousins, membre de la Commune et habitant la Préfecture de police ; celui-ci l'avait fait arrêter lui-même dans son propre domicile d'employé, durant le cours de sa visite et sans explication aucune, comme sans autre forme de procès, c'est bien le cas de le dire.

Parmi les quatre ecclésiastiques, il y avait l'aumônier du couvent des Sœurs-Aveugles .. C'était un septuagénaire.

Tout le monde était indigné et demandait ce que pouvait avoir fait ce vénérable vieillard.

Il s'y trouvait également un des vicaires de

Notre-Dame des Victoires, M. l'abbé Amodru (Laurent) (1), puis un prêtre polonais. Le quatrième portait des habits bourgeois. Je n'ai pu savoir qui il était.

Enfin, un adjudant de place s'y rencontrait aussi. Cet homme était très-exalté, parce qu'il avait été amené à la Conciergerie et allait apparemment être transféré de nouveau sans l'avoir fait passer à l'instruction.

C'est alors que, mes camarades et moi, nous avons su que nous allions être conduits dans une autre prison.

On entend un roulement de voitures... elles s'arrêtent dans la cour. . ce sont deux voitures cellulaires qui viennent nous prendre.

Aussitôt, on nous fait sortir deux par deux ; nous partons ensuite, toujours deux ensemble, pour longer un corridor étroit.

Passer dans la cour, gravir le marche-pied de la voiture, nous faire entrer dans une petite cellule où ne se trouve habituellement qu'un prisonnier, c'est l'affaire d'un instant.

Encore qu'il n'y ait place que pour un seul, nous

(1) J'eus occasion de le voir quelque temps après ; il m'apprit que le 22 il avait été transféré de Mazas à la Roquette. Il fut assez heureux pour échapper au massacre du 24 qui eut lieu dans cette prison.

ne laissons pas d'être forcés d'y entrer à deux.

Il faut que l'un demeure debout et tête baissée, tandis que l'autre se tient assis de travers, sans qu'il lui soit possible de se remuer.

Aussitôt entrés, la porte se ferme à la clef; il n'y a pas moyen d'avoir de l'air; nous étouffions, à la lettre, pendant les vingt minutes environ du parcours que nous avons fait.

Nous étions toujours dans cette voiture, sans savoir où nous allions.

Il s'est rencontré que je me trouvais avec l'adjudant de place qui, dans son exaltation, voulait enfoncer la porte de cette horrible demeure en criant qu'il étouffait.

Ce n'était que trop la vérité.

Au bout des vingt minutes, les deux voitures s'arrêtent pour atendre l'ouverture des portes. Nous entendons distinctement celles-ci rouler sur leurs gonds.

Les voitures passent au pas sous une voûte. Aussitôt entrées, les portes se referment.

On vient ensuite nous ouvrir; nous descendons également deux à deux, exactement comme nous étions montés.

Nous entrons dans un grand corridor; de chaque côté, il y a de petites cellules d'attente qui correspondent avec le greffe de la prison. Nous sommes conduits dans l'une d'elles, mon compagnon de voyage et moi.

Nous voilà logés, et en attendant je ne savais pas toujours où nous nous trouvions.

Je me hasarde de le demander à l'adjudant.

— Comment, là où nous sommes ? me dit-il. Vous n'y êtes donc jamais venu ?

Sur la réponse négative que je lui fis, il me dit : —Eh bien, vous n'êtes pas comme moi ; je n'ai pas fait moins de dix-sept mois de prévention la dernière fois que j'y suis venu.

Alors, il se mit à me raconter tout ce qu'il avait fait depuis qu'il était entré dans le monde, sans jamais me dire où nous nous trouvions.

Il me confia qu'il avait passé la moitié de sa vie en prison, qu'il avait été impliqué dans l'affaire de la Villette du mois d'août dernier, et que pour ce fait il avait été condamné à mort avec Ranvier et Rigault ; que c'était ce même Rigault, aujourd'hui membre de la Commune, faisant partie du comité de la guerre, qui l'avait fait arrêter, parce que, dans une altercation qu'il avait eue récemment avec lui, il n'avait pas craint de lui reprocher d'être plus fier aujourd'hui qu'à l'époque où ils se trouvaient ensemble à Sainte-Pélagie, attendu qu'étant un jour sans argent, il lui avait prêté cinquante centimes pour avoir du tabac, et qu'il n'avait jamais eu la délicatesse insigne de les lui rendre.

—Avec tout cela, lui fis-je remarquer, vous ne m'apprenez toujours pas où nous sommes logés.

— Nous nous trouvons à Mazas. Et vous, me demanda-t-il à son tour, pour quel sujet vous y amène-t-on ?

Je lui racontai en quelques mots la cause de mon arrestation ; j'ajoutai qu'il y avait cela de particulièrement malheureux pour moi d'être sans argent et de n'avoir aucun moyen de m'en faire parvenir.

Aussitôt, il tire son porte-monnaie de sa poche et veut à toute force m'en faire partager le contenu.

Il possédait deux francs seulement, et, tout en exprimant le regret de n'en pas avoir davantage, il me fallut, bon gré mal gré, en accepter la moitié, attendu, me dit-il, qu'il avait toujours occasion d'en avoir.

Je finis par me laisser gagner, en le priant de me donner son adresse, afin que je pusse plus tard, si la Providence le voulait, aller le remercier et lui rendre la somme qu'il voulait bien me prêter.

Sans vouloir y consentir, il me donna simplement son nom, L'E...

Bel exemple à suivre dans une situation aussi triste que celle où nous nous trouvions !

FIN DE LA PREMIÈRE PARTIE.

Comme bien des personnes qui liront ce livre visiteront un jour la Conciergerie, je crois devoir indiquer le numéro des cellules qui ont été habitées par nos otages.

La cellule portant le n° 182 était occupée par le général de Martimprey, ancien gouverneur des Invalides.

Le n° 6 par M. Bonjean, président de la Cour de cassation.

Mgr Darboy, archevêque de Paris, se trouvait au n° 123.

M. Deguerry, curé de la Madeleine, au n° 19.

Le Père du Coudray, au n° 169.

L'abbé Blondeau occupait, du côté des femmes, la cellule n° 3.

L'abbé Miquel, qui était avec lui, fut porté comme malade et envoyé à l'hospice Sainte-Anne, grâce à la bienveillance d'un gardien.

Avant de passer de la Conciergerie à Mazas, je vais vous raconter l'anecdocte suivante que j'ai recueillie de la bouche même d'un gardien.

5

Ce trait historique vous dépeindra en quelques mots, le caractère noble et généreux du général de Martimprey.

Le général arriva au dépôt le soir, vers sept heures, et fut reçu par un gardien.

On le mit dans une seule et même cellule, avec M. Corre, directeur du dépôt.

Un de ses anciens soldats, qui le reconnut en le conduisant à sa cellule, lui dit :

— Mon général, puisque vous allez vous coucher, permettez-moi de vous apporter mon matelas..... Vous serez mieux.

— Merci, mon ami, lui répondit le général, ne vous dérangez pas ; j'ai eu l'habitude de coucher sur la terre.

Le général resta de vingt à vingt-cinq jours au dépôt. Pendant ce temps, il ne fut pas abandonné par son domestique, qui se rendait quotidiennement auprès de son maître, et lui apportait tout ce dont il avait besoin.

LISTE

DES PRISONNIERS DÉTENUS A LA CONCIERGERIE
QUI DEVAIENT ÊTRE FUSILLÉS SANS L'ARRIVÉE DES TROUPES
DE VERSAILLES

Angot.	sergent de ville.
Bermont.	gendarme.
Breton	garde de Paris.
Cousin	— —
Dubon.	sergent de ville.
Gaillard.	gardien de la paix.
Geanty	garde de Paris.
Keller.	— —
Millotte	— —
Neaudot.	sergent de ville.
Padrona.	— —
Poireau.	garde républicain.
Ruchard.	gardien de la paix.
Soissong.	sergent de ville.
Walder	garde de Paris.
Bombois.	sergent de ville.
Cointet	— —
Delleplace.	— —

Ducrot . . . . . . garde de Paris.
Garandet . . . . . — —
Habert . . . . . . sergent de ville.
Marcotte . . . . . . — —
Nieux. . . . . . . — —
Mottet. . . . . . . garde de Paris.
Pauli . . . . — —
Pons . . . . — —
Riaulla . . . . . . — —
Tournoire . . . . . . sergent de ville.
Vaugand. . . . . . — —

DEUXIÈME PARTIE

—

MAZAS

SES SERRURES ET SES VERROUS

—

Une sonnette retentit : c'est l'appel des arrivants, qui va avoir lieu dans la chambre du greffe, avant d'être définitivement écroués.

Séparément, on entre aussitôt l'appel de son nom. Arrivé devant le greffier, ordre me fut donné de relever mes manches de chemise jusqu'au coude, pour examiner si je ne portais pas quelques lignes de tatouage comme un Indien.

On me demande mes nom et prénoms, mon âge, le mois, le jour et lieu de ma naissance, ma profession, si je suis marié, si j'ai des enfants, les noms et prénoms de mes père et mère.

Mon signalement étant déjà pris, je passe sous la toise.

Quant au but de mon arrestation, je n'ai pas eu la

peine de le faire connaître, le greffier avait sous les yeux une liste qui le renseignait sur ce point important, à l'égard de chacun des détenus incarcérés qui étaient à Mazas.

Toujours ces trois fameux mots :

Correspondance avec Versailles.

Le toiseur me trouve un mètre soixante-dix centimètres.

Me voilà donc diminué de huit centimètres depuis le jour où, à la Conciergerie, j'ai été soumis à la même opération.

Rapetissé de huit centimètres en dix jours ! me dis-je ; mais si je reste quelques mois en prison, et que cela continue de la sorte, de demi-géant que j'étais, je vais devenir un Tom - Pouce exceptionnel.

Voici qui ne me rassure guère.

Après avoir passé une seconde fois sous la toise, on vous remet un petit bulletin d'écrou. — Vous êtes dirigé vers un autre bureau où vos nom et prénoms, seulement, vous sont encore demandés.

Cette dernière formalité étant remplie, un gardien vous donne une petite plaque de tôle portant un numéro, et vous vous dirigez ensuite vers une salle de bains que ce numéro porte.

Arrivé dans la salle, le garçon vous fait déshabiller. — Cela fini, vous prenez le bain. — Vos poches sont scrupuleusement fouillées et le contenu est déposé sur une petite table, à l'exception de votre couteau. Ledit garçon fait un paquet de votre linge et de vos habits. Le tout est immédiatement enlevé pour être passé au soufre.

En attendant la remise de vos effets, vous recevez juste de quoi vous couvrir convenablement.

Le bain pris, un gardien est à l'entrée de la salle; il vous remet également une autre plaque portant aussi un numéro, en vous indiquant de la main la direction que vous devez prendre. Cette seconde plaque porte le numéro de la cellule qui vous est destinée.

La cellule que j'allais occuper indiquait le n° 37, 4ᵉ division, au rez-de-chaussée.

Un gardien vous reçoit à la porte, en lui remettant la plaque que vous tenez à la main.

Il entre avec vous pour vous donner le détail du mobilier qui doit servir à votre usage. — Il vous apprend à dresser ainsi qu'à faire votre lit et vous enseigne ensuite la manière de plier vos draps et votre couverture.

Il vous fait connaître tous les règlements à suivre, notamment en ce qui regarde le petit ménage que vous avez; du reste celui-ci est très-simple.

Il se retire aussitôt en fermant la porte sur vous au moyen d'un énorme verrou seulement.

Il ne fait jouer la serrure que le matin à six heures et le soir à huit heures.

Vous voilà donc flanqué entre quatre murs, espèce de tombeau vivant, et néanmoins il est bien aéré et d'une propreté remarquable.

Il était six heures du soir quand je fus définitivement enfermé.

La première chose que je commençai à faire, ce fut mon lit, et je me couchai aussitôt après, séance tenante, c'est le cas de le dire.

J'étais si abattu que je m'endormis de suite pour ne me réveiller qu'à deux heures du matin, tellement je me trouvais bien dans du linge blanc, quoique les draps fussent un peu rudes.

A six heures du matin la cloche sonne. Si vous n'êtes pas levé il faut vous dépêcher quand même ; démonter votre lit, le plier ainsi que les draps et la couverture, mettre tout en place et proprement, à l'endroit indiqué la veille ; ensuite vous devez balayer votre cellule, laisser les ordures à l'entrée de la porte ainsi que votre broc, si vous avez besoin d'eau.

Tout cela doit être fait, je le répète, aussi lestement que possible, car vous ne tardez pas à entendre le grincement des serrures.

Le gardien entr'ouvre votre porte pour retirer lui-même la poussière et prendre au besoin votre broc.

Vers six heures et demie, la distribution du pain a lieu.

Une petite lucarne, constamment fermée, existe à chaque porte.

Tout ce dont vous avez besoin vous est passé par cette lucarne. On le pose sur une petite planche, jointe au dedans de la porte.

Le pain, les autres aliments, les commissions s'il y a lieu, sont posés sur cette planche.

La lucarne est aussitôt refermée.

Quant à la nourriture, elle est semblable à celle de la Conciergerie.

Ici vous avez une cuiller pour manger; mais elle est en bois, et digne d'un Aztèque; le gouvernement, sur ce point, n'est pas large.

Vous avez en outre une table avec tiroir pour y mettre vos papiers ainsi qu'une chaise pour vous asseoir.

La table est scellée après le mur, et la chaise est attachée avec une chaîne à l'un des pieds de cette table.

Cette chaîne est longue assez pour que vous puissiez placer votre chaise autour de votre table, dans le sens que peut commander tel ou tel mouvement de corps.

Néanmoins, malgré toutes les précautions prises par l'administration des prisons afin d'éviter de laisser, en quoi que ce soit aux détenus, la possibilité de se livrer à quelques méfaits vis-à-vis de leurs gardiens, je crois avoir remarqué une lacune assez grave à combler dans l'intérêt de tous.

Vous couchez sur un hamac ; ce hamac s'attache à chaque bout au moyen de quatre agrafes scellées aux parois de votre prison.

Au lieu d'avoir deux bâtons mobiles attachés dans les coulisses du hamac, vous avez deux bâtons qui se retirent à volonté ; ce qui ne devrait pas être, car un prisonnier animé d'une vengeance quelconque, et pour se satisfaire lui-même, se trouverait en mesure, à un moment donné, de prendre un de ces bâtons et d'assommer d'un seul coup le premier venu qui viendrait se présenter dans sa cellule.

Du reste, il y a des précédents.

On a vu des criminels, animés d'une vengeance terrible contre la justice, ne reculer devant rien, et, en dépit de la pénalité qui les attendait, faire de nouvelles victimes après s'être emparés d'une arme quelconque tombée entre leurs mains d'une manière aussi imprévue que parfois incompréhensible. Hélas ! ces malheureux savent faire flèche de tout bois, n'est-ce pas bien le cas de le dire ?

Bref, il était six heures du soir. Je reviens à ce que j'ai dit précédemment.

Après que le gardien m'eût montré à organiser

tout le petit matériel de ma cellule, je lui demandai s'il était permis de faire son lit et de se coucher en même temps. Sa réponse fut affirmative.

« Vous avez, ajouta-t-il, la faculté de ne vous coucher qu'à huit heures, si bon vous semble. »

Je le répète, j'étais tellement abattu que je m'endormis de suite pour ne me réveiller le lendemain qu'à deux heures du matin, et encore est-ce le canon, qui commençait à gronder avec force, qui me réveilla en sursaut.

Quel bien-être j'éprouvais de me trouver couché sur un bon matelas, dans des draps bien blancs et avec une couverture suffisante !

Ce n'était plus, Dieu merci, la Conciergerie.

Nous voici au 21. Comme je viens de le dire, la canonnade était épouvantable. On entendait simultanément les mitrailleuses et les feux de peloton sans discontinuer.

Je me levai pour ouvrir la fenêtre de ma cellule, afin de mieux entendre encore, réjoui que j'étais de savoir que nos libérateurs approchaient.

Le feu n'a cessé qu'à huit heures du matin.

Lors du passage du surveillant, qui a lieu à six heures et demie, je lui demandai si je pourrais avoir du papier, ainsi que de l'encre et des plumes.

Il me répondit qu'avec de l'argent je pourrais avoir ce que je voudrais.

J'avais heureusement les vingt sous que ce bon adjudant de place m'avait donnés la veille avant notre séparation.

Je donnai de suite trente centimes à cet homme, et une demi-heure après j'étais en train d'écrire, ce qui m'apportait une grande consolation, car je me trouvais seul entre quatre murs, tombeau vivant des hommes, je ne saurais trop le répéter.

A dix heures et demie, on vient me demander si je veux aller à la promenade.

Je réponds affirmativement.

Vite, me dit le gardien, passez en courant par cette porte; voici le numéro de votre cellule.

Il me mit à la main une plaque qui portait ce numéro, pour la remettre à un surveillant; celui-ci me montra la porte d'entrée de la cour.

J'y arrive toujours courant.

Un troisième gardien est là; il me dit :

Entrez au numéro 8 et fermez votre porte.

Me voilà seul entre deux murs, dans une cour longue de 13 mètres environ, sur une largeur de 1 mètre à son entrée et de 5 mètres à son extrémité.

Une pierre s'y trouve pour s'asseoir, sans communication possible avec qui que ce soit.

C'est purement et simplement une cellule en plein vent.

Toutefois, on peut s'abriter s'il vient à pleuvoir.

Autour de vous, dans cette cour, vous voyez les murs noirs et sombres de votre prison, les fenêtres de chaque étage garnies de barreaux en fer et qui en forment trois. Toutefois, une terrasse assez bien tenue se trouve au pied de ces murs.

C'est tout au plus si on a le droit de s'arrêter pour contempler cette terrasse.

Depuis le 10 du courant, jour de mon entrée à la Conciergerie, c'était la première fois que je voyais les rayons printaniers du soleil refléter sur les murs sombres de cette cour. Je ressentis de suite les bienfaits de ses rayons qui dardaient sur mon pauvre corps déjà amaigri par les onze jours de captivité passés dans un sous-sol émanant des odeurs fétides.

En éprouvant ces bienfaits, ma pensée se reportait de suite sur les belles campagnes que j'ai toujours aimé à traverser.

Je me disais à moi-même : Hélas ! je ne les reverrai peut-être plus ; car, il faut bien le reconnaître, cette appréhension était beaucoup plus fondée que l'opinion contraire.

Onze heures et demie sonnent ; j'entends retentir une petite sonnette : c'est l'appel de la rentrée.

Même cérémonial pour rentrer que pour sortir : toujours courir et ne pas regarder derrière soi.

Aussitôt rentré, je me suis mis à écrire..... La

journée se passe ; il est six heures ; je fais mon lit et je me couche.

Je me réveille à onze heures et demie du soir pour ne plus dormir.

Lundi 22, à trois heures du matin, le tocsin sonne de toutes parts ; les tambours battent le rappel ; tous ces bruits retentissants ne cessent pas avant dix heures. On entend au loin le clairon tout le reste de la journée, qui se passe néanmoins sans qu'on ait beaucoup tiré le canon.

Je me couche comme la veille, après avoir écrit la plus grande partie du temps, et je passe une nuit assez calme.

23 mardi.—Toute la jourée est tranquille (ailleurs excepté, bien entendu).

24 mercredi. — Canonnade effrayante à partir d'une heure et demie du matin, avec fusillade bien nourrie.

Toute la journée s'en ressent ; ces deux opérations terribles continuent sans désemparer. Comment ne pas espérer que les choses touchent à leur terme !

Et dire qu'il n'est pas possible de savoir sur quel point se livre la bataille, car le rapprochement du bruit du canon ne permet pas de douter que les combattants ne soient aux prises dans Paris.

A la rentrée de la promenade, un obus éclate avec fracas sur une des terrasses de la prison ; les éclats rejaillissent sur des fenêtres dont on entend les morceaux de vitres tomber.

Au lieu de laisser cette fois ma fenêtre ouverte pour mieux entendre, je me dépêche bien vite de la fermer.

Vers deux heures, un deuxième obus éclate également dans la prison, mais sur un point plus éloigné de la fenêtre de ma cellule.

Le restant de la journée s'écoule d'une manière assez calme... Il semblerait que de part et d'autre il y a suspension d'armes.

Jeudi 25, à deux heures du matin, j'entends encore une fois sonner le tocsin, puis, une heure après, un sourd roulement de canons sur le boulevard. ,

J'ai su plus tard que c'était le train d'artillerie des communards qui battait en retraite vers la barrière du Trône.

Voici la lutte qui commence. Cette fois, le théâtre de cette lutte est autour de la gare de Lyon et à Bercy.

Si je le sais, c'est que, l'oreille tendue contre ma porte, j'entends les gardiens qui se le disent entre eux dans les couloirs.

Toujours de plus en plus effrayant.

Au passage de ces canons, la prison tremble et la cloche sonne comme d'habitude.

Il est six heures. Je ne reçois qu'une demi-ration

au lieu d'un pain entier qui m'était apporté les jours précédents.

Pourquoi et comment cela? Nous l'ignorons absolument.

Presque au même instant un obus tombe sur la prison. Un éclat blesse un jeune homme, qui fait entendre des cris lamentables.

Huit heures sonnent, c'est celle du bouillon.

Bouillon maigre... maigre au lieu de l'avoir gras... c'est cependant un jeudi.

On se parle intérieurement et on commente tout seul. Qui ne tremblerait!... qui ne gémirait!... Que va-t-il se passer?... Enfin, le moment est des plus critiques.

Personne pour vous rassurer ni vous consoler.

Il faut s'attendre à tout.

En véritable Français comme en bon chrétien, je me soumets à tout, en reportant ma pensée sur ceux que j'aime.

Dix heures et demie sonnent; un deuxième obus éclate sur la toiture du pavillon que j'occupe.

J'entends les platras tomber. Personne n'est blessé.

Les gardiens courent dans tous les sens.

Onze heures viennent de sonner également.

Un bruit épouvantable se fait entendre dans les couloirs... Ce sont les gardiens qui se dépêchent d'ouvrir les portes... Ce bruit s'approche de ma cellule.

Que se passe-t-il? Je l'ignorais, car j'étais comme un fou.

Debout, tremblant de tout mon corps, comme si j'avais une fièvre à l'apogée de sa force.

Je crois entendre venir la mort me chercher à grands pas.

On arrive à ma porte; elle s'ouvre; mon gardien me dit tout effaré :

— Prenez bien vite tout ce qui vous appartient ici et sauvez-vous. (*Textuel.*)

En un instant les couloirs sont pleins. A grand'-peine je suis arrivé à la porte intérieure de sortie; il faut patienter jusqu'à ce que la cour, qui est déjà remplie, soit évacuée.

En attendant l'heure de la délivrance, chacun cherchait s'il ne trouvait pas un compagnon d'infortune et de captivité. Les uns, dont les traits du visage ressemblaient à ceux d'un cadavre, causaient mollement, comme affaissés sous le poids d'une souffrance insupportable; d'autres, presque pâles comme la mort, mais moins abattus, interrogeaient des yeux les gardiens pour savoir ce qu'ils allaient devenir.

On fait des commentaires sur notre sortie. Va-t-on nous fusiller? disaient d'autres, car c'était l'opinion de quelques-uns.

6.

Sur ces entrefaites, je rencontre un vieil ami qui me dit être là depuis le mois de décembre dernier. Il tenait un pain sous son bras.

Je lui avouai que je voudrais bien être comme lui ; qu'une fois dehors, n'ayant pas un sou pour en acheter, qu'allais-je devenir ?

Je ne savais pas où on allait me diriger et j'avais faim.

Le bon camarade en avait laissé un dans sa cellule, il s'empressa de suite d'aller me le chercher.

Nous voici sur le boulevard. Il faisait une chaleur torride et un vent épouvantable. On ne se voyait pas dans la poussière.

On tire de tous côtés et à chaque coin de rue ; les balles et les obus tombent en tous sens.

Un gardien se trouve à l'entrée de la porte, à côté du factionnaire (c'étaient toujours les insurgés qui tenaient le poste de la prison).

Il nous engage à filer en courant le long des murs, et ainsi de suite.

BARRICADE DE L'AVENUE DAUMESNIL.

Arrivés à l'avenue Daumesnil, il n'y avait plus moyen d'aller plus loin. Il y avait sous le pont du tunnel du chemin de fer de Vincennes (pont qui se trouve au-dessus du boulevard Mazas) une barricade énorme, défendue par une pièce de **24** qui crache la mort à chaque instant sur le quai de la Râpée.

Des gardes nationaux sont de chaque côté de la pièce pour la défendre, entre autres un bataillon sur ce même pont, qui lance une pluie de balles dans la même direction.

Ce sont les soldats de Versailles qui sont en bas, sur le quai, abrités par une aussi forte barricade qu'ils avaient prise le matin et s'en étaient fait de suite une position importante.

En arrivant au pied de celle du boulevard Mazas, il s'agissait de passer à travers ce boulevard pour se sauver ensuite, par l'avenue Daumesnil, dans la direction de Saint-Mandé.

Le chef de la barricade fait cesser le feu. Nous pensions que c'était pour nous garantir en traversant; mais ces misérables avaient un autre dessein; ils viennent de suite nous entourer et nous contraindre, la baïonnette dans les reins, à faire une nouvelle barricade à travers l'avenue pour se garantir en cas d'une surprise venant du côté de Saint-Mandé.

Nous étions environ un cent; il n'y avait plus moyen de se replier. On était une deuxième fois leurs prisonniers et cette fois pour être atteints d'un moment à l'autre.

Il était midi. Nous voici à la besogne. — Jeunes,

vieux, infirmes ou malades, il fallut s'y mettre bon gré mal gré.

Parmi nous se trouvaient deux frères de la Doctrine chrétienne qui venaient de partager notre sort à Mazas.

L'un des deux, que j'ai reconnu pour l'avoir rencontré plusieurs fois dans les environs du Luxembourg, me paraît au moins être le doyen de ces homme de bien, à en juger d'après sa marche ainsi que par sa chevelure blanche comme de la neige.

Sans pitié ni pour son âge, ni pour l'habit qu'il portait, il fallut quand même se mettre à la chaîne, donner des pavés et obéir aux ordres des vandales qui nous commandaient.

Il s'y trouvait également un jeune religieux, appartenant à une congrégation dont la maison principale est à Bellay (Ain).

Comme les autres, c'est-à-dire malgré lui, il fut contraint à donner des pavés.

Il m'apprit qu'il avait été arrêté au secteur de Passy ; après son interrogatoire, il reçut de la part des communeux des insultes inimaginables. Ce ne fut pas tout : ces misérables lui prirent une somme de 165 francs dont il était porteur pour une destination particulière ; après, on le conduisit à la Conciergerie où il est resté dix-huit jours.

Le 13 mai, il fut transféré à Mazas.

Mis en liberté comme les autres détenus, le 25, à onze heures du matin.

Ainsi que je viens de le dire ci-dessus, il eut à se prêter manuellement à la construction de la barricade de l'avenue Daumesnil.

Quelques jours après ces journées néfastes, je rencontrai ce bon jeune homme dans l'église de la place des Petits-Pères.

Sur les questions que je me permis de lui adresser, il me dit que le soir du jour où il avait travaillé à cette barricade, il avait couché sous l'escalier d'un hôtel de l'avenue.

Le lendemain 26, au lieu de rester caché comme il aurait dû faire, il fut pris dans la rue de Charenton, avec un ancien commissaire de police qui sortait également de Mazas.

Les fédérés les obligèrent à prendre le fusil pour marcher avec eux.

Ils restèrent ensemble dans cette affreuse position jusqu'au 27 au matin. C'est alors qu'ils purent s'échapper des mains de leur bourreaux : ce qui fut un double bienfait pour eux, car ils évitèrent ainsi de tomber sous les coups de l'armée de Versailles, qui était en ce moment maîtresse du faubourg Saint-Antoine.

Certainement, pris dans le milieu des insurgés dans un moment aussi critique que terrible, ils auraient été de suite passés par les armes avant que de pouvoir faire n'importe qu'elle réclamation.

Je reviens à la barricade, en reprenant le fil de ma narration.

Les balles et les biscaïens tombaient pour ainsi dire dru comme grêle, sans qu'aucun de nous pût bouger de place. Ils venaient de la rue de Lyon, du côté de la Bastille.

Malgré mon état de souffrance, j'eus la force de me baisser pour ramasser un de ces biscaïens qui venait de tomber à mes pieds.

Dieu sait si je le conserverai comme triste souvenir de cette journée !

Je passe maintenant à un incident qui me semble mériter une attention spéciale. Le voici :

Dans les couloirs de Mazas, avant qu'il fût possible d'en sortir, j'avais fait la connaissance d'un jeune homme qui avait appartenu à l'armée de l'ordre.

Ce jeune homme était d'une pâleur et d'une maigreur extraordinaires; il sortait de l'infirmerie de la prison en se plaignant beaucoup d'avoir souffert depuis trois mois qu'il était enfermé.

Notre tour de sortie arrive... nous nous quittons sans penser que nous pouvions nous revoir.

Que l'on juge de mon étonnement lorsqu'à peine une heure après avoir quitté la prison, je retrouve ce même homme, non sous la tenue qu'il avait primitivement ; mais sous celle de l'armée de l'insurrection. Mon effroi fut grand de prime abord. Je ne pouvais pour ainsi dire en croire mes yeux.

De la tête aux pieds, il était habillé comme un soldat qui va faire campagne, portant tout le fourniment d'usage.

De prisonnier de la Commune qu'il était une heure auparavant, il se trouvait devenu un de nos gardiens à la barricade.

Il avait été placé justement vis-à-vis de moi. Je n'eus pas de peine à le reconnaître.

Je lui adressai la parole et lui dis qu'il n'avait pas mis beaucoup de temps pour se faire soldat, de prisonnier qu'il était.

Il me répondit avec dédain :

— Il est plus honorable pour moi de prendre un fusil et de vous surveiller que de ramasser des pavés comme vous le faites.

Je lui dis avec ironie : qu'il avait effectivement plus d'avantage dans le choix qu'il venait de faire que moi-même, bien certainement, attendu qu'il avait déjà reçu sa solde, tandis que je n'avais personnellement d'autre indemnité à attendre que des coups de crosse de fusil si je ne travaillais pas avec ardeur.

Il me lança un sourire embarrassé, sans répondre.

Quelques secondes après il me dit qu'il voudrait

bien être dans son pays, et que le soir même il se donnerait de l'air s'il trouvait le moment favorable.

Je lui souhaitai bonne chance.

La conversation ne s'arrêta pas là. Je remarquai que cet homme mourait d'envie de parler. Je le laisse dire en l'attirant à moi sans qu'il s'en aperçoive.

Voici maintenant ses *propres* paroles :

— Vous rappelez-vous, me dit-il, un certain dimanche où il y avait une manifestation à la Bastille? S'il en est ainsi, vous devez avoir entendu dire, le lendemain, qu'un sergent de ville avait été attaché à une planche et jeté ensuite à l'eau sans qu'il ait pu par aucun moyen se tirer de là ?

Parfaitement.

— Ne vous a-t-on pas également raconté que deux chasseurs à pied avaient été les principaux auteurs de cette action?

— Oui.

Or, avec toute la sincérité d'un homme de bien qui a la conscience pure et exempte de tout reproche, il me dit le plus naïvement du monde :

— Eh bien, j'étais un des deux chasseurs.

Je lui posai cette question :

— Croyez-vous, par hasard, que de telles actions sont bonnes à imiter?

Il me répondit froidement :

— Cela ne dépend que des idées.

Je livre ce fait sans commentaire à la méditation des écrivains qui nient la conscience!... Cet homme pourrait bien être un de leurs plus fervents disciples.

Quoi qu'il en soit, et malgré mon indignation qui devait lui paraître bien visible, je me hasardai de lui demander le bataillon de chasseurs auquel il appartenait et le pays dont il était originaire.

Sans se faire prier, il me dit qu'il avait appartenu au 19ᵉ chasseurs à pied et qu'il était de Bordeaux.

Avis à ses camarades d'armes de ne pas imiter un tel sujet.

Au bout d'une heure, et par un bonheur singulier, le feu cesse du côté de la rue de Lyon. Nous ne courions aucun danger du côté de la Rapée, étant abrités par les maisons de gauche du boulevard Mazas.

Nous restons dans cette position depuis midi jusqu'à huit heures du soir, toujours à donner des pavés et faire la chaîne.

Néanmoins, vers trois heures, il nous fut permis de nous reposer pendant une demi-heure pour aller prendre un verre de vin.

Il fallait avoir de l'argent!

Je reconnus, parmi les hommes avec lesquels je travaillais, un individu qui avait été détenu en même temps que moi à la Conciergerie ; il m'invita à aller me rafraîchir avec lui à une condition, c'était celle de partager le pain que je portais sous mon bras.

J'apportais le solide, il me donnait le liquide. Nous prenons un demi-litre de vin, un peu soulagés que nous nous trouvions d'être à l'abri du feu ; cette faible collation nous releva un peu le moral, d'autant plus que nous sentions les culottes rouges approcher (expression dérisoire des communards).

Nous nous encourageons et nous nous remettons à la besogne, toujours les baïonnettes croisées autour de nous, au milieu d'un bruit épouvantable de coups de canon et de feux de peloton qui se trouvaient à 10 mètres du côté de notre travail.

La nuit approche ; où aller ? La position devient plus critique que jamais.

Nous sommes au milieu d'insurgés, tous à moitié ivres, chefs et soldats, et déjà étreints comme dans un cercle de fer.

Que devenir ?

On vient de crier : Aux armes ! pour aller défendre la gare de Lyon.

Tous nos gardiens nous laissent pour aller délivrer leurs camarades, en moins de temps qu'il n'en faut pour raconter ces détails ; ce fut un sauve qui peut général.

A trente mètres du boulevard se trouve un passage qu'on appelle Haguenau. Ce passage a son entrée rue de Châlons et vient aboutir avenue Daumesnil.

Au moment où il me fallut entrer dans ce passage j'eus à essuyer les feux croisés des insurgés qui, pris de vin, tiraient les uns sur les autres dans une déroute complète.

Je n'eus que le temps de pousser une porte, — elle n'était heureusement pas fermée, — je me réfugiai dans le corridor de la maison.

Une femme voulant me pousser dehors... je m'y opposai... j'y mis de la résistance en lui faisant observer que ma position était des plus périlleuses, que je venais de travailler aux barricades depuis midi en sortant de Mazas, et qu'elle manquerait gravement de charité si elle persistait à vouloir me chasser de chez elle.

Pendant cette scène, un garde national se trouvait de l'autre côté de la porte ; nul doute qu'il avait entendu notre conversation, et je suis certain que cet homme avait fait partie d'un bataillon de la garde nationale, malgré lui, car il me témoigna beaucoup de sympathie et de bienveillance.

Il entre et, sans autre explication, il somme cette femme de me garder et même de me donner le gîte, en disant qu'il reviendra dans une heure pour voir si ses ordres auront été exécutés.

Plusieurs femmes, qui se trouvaient dans la maison, étaient descendues en entendant la discussion.

Aussitôt le garde national parti, elles se mirent à tenir conseil à voix basse.

Au bout d'un instant, celle qui m'avait si durement reçu, qui n'était autre que la portière, vint me dire que, si je le voulais, elle allait me mener dans un hôtel garni du passage en s'offrant de payer mon gîte.

J'acceptai; nous partîmes de suite. Toutes les portes du passage étaient déjà fermées, et nous nous trouvions dans l'obscurité la plus complète.

Malgré cela, la concierge de l'hôtel nous ouvre; la femme qui me conduit s'annonce; on nous fait passer dans une cour pour aller trouver la maîtresse de l'établissement (le maître était caché).

Cette femme se fait connaître de nouveau, et après certaines observations qui nous sont personnelles, j'expose moi-même mes raisons. On finit par me recevoir encore, quoiqu'il soit, me dit-on, défendu de laisser, pour l'instant, pénétrer qui que ce soit dans les garnis.

C'est encore une charité à la manière de la Commune !

On me conduisit dans une chambre peu luxueuse; le mobilier, d'une simplicité monastique, se composait d'un lit et d'une table en bois blanc; dans un coin se trouvait une chaise, et au milieu de la pièce, contre le mur, une armoire en assez bon état.

Je manifestai le désir d'aller me reposer... cependant j'avais faim, mais j'étais sans argent; je me rappelai le proverbe : *Qui dort dîne*, et je le mis de suite à exécution.

Enfin, je suis couché dans un lit passablement bon; je m'endors pendant trois heures sans rien entendre, malgré les émotions de la journée et le bruit des ménages qui occupent le même carré et qui campent tous ensemble, ne voulant pas se livrer aux bras de Morphée, de peur qu'un obus ne vienne les surprendre pendant leur sommeil.

Il pouvait être minuit et demi quand je me réveillai pour ne plus dormir.

Le canon et la fusillade ne cessaient de se faire entendre du côté de la barricade que nous avions faite la veille.

Enfin je passai la nuit dans les pensées les plus sombres, ne sachant ce que j'allais devenir dans la journée, entendant à chaque minute aller et venir dans le passage ces hommes déguenillés, toujours à moitié ivres, cherchant de nouvelles victimes pour se repaître avant leur défaite, qui du reste n'était pas loin d'arriver.

Il s'agissait de sortir le matin.

Dans la nuit, l'armée de Versailles avait enlevé la gare de Lyon et s'y était fortifiée solidement.

A sept heures, on fit savoir dans tout le passage

qu'il serait fait feu sur chaque personne qui en sortirait.

Après cet ordre donné, on entendait à chaque instant des coups de feu qui partaient, comme de raison, du point où les troupes régulières s'étaient établies.

Les lignards ne manquaient pas de tirer sur ceux qui avaient l'imprudence de ne tenir aucun compte de l'ordre donné.

La servante de l'hôtel vint frapper à la porte de ma chambre; c'était pour me dire de ne pas sortir, de ne pas regarder par la fenêtre, et que je serais encore couché pendant une nuit au besoin.

Je la priai de remercier sa maîtresse, rassuré que j'étais de me voir encore pour l'instant sauvé du danger, échappé d'une mort certaine et heureux que j'étais de savoir que nos braves soldats étaient à quelques pas de nous.

Du reste, depuis le matin on n'entendait plus aucun de ces infâmes coquins passer ni crier dans le passage, trop lâches qu'ils étaient pour faire face à ceux qui avaient ordre de ne pas les ménager.

Vers onze heures, il y eut une victime. Ce fut un malheur. C'était un jeune garçon d'une dizaine d'années, bien inoffensif.

J'ai vu tomber ce pauvre enfant avec un pain sous son bras, il venait de le chercher chez le boulanger.

Il est tombé la face contre terre, percé d'une balle en pleine poitrine, et qui sortit par derrière un peu plus bas que l'épaule gauche.

Sa chute s'est faite juste en face de ma fenêtre, sur le trottoir, près la porte du numéro 20. Il expira au bout de dix minutes.

Impossible d'aller lui prêter secours, ni même de le relever; c'était affreux.

Vers midi, le bruit se répand qu'il y a suspension d'armes pendant une heure, et que tous ceux qui ont besoin de pain ou d'autre chose peuvent aller les chercher. C'était bien la vérité.

On voit courir aussitôt tous ceux qui manquent de provisions chez eux et revenir encore plus vite de chez les fournisseurs.

Sur le carré de ma chambre, ce sont tous ouvriers honnêtes qui occupent avec leurs femmes les logements y attenant.

Les uns et les autres voulurent me faire participer à leur repas et au peu de vin qu'ils avaient.

J'acceptai bien volontiers, mais avec la résolution bien arrêtée de leur témoigner ma reconnaissance plus tard, si la Providence daignait m'aider à sortir de ce chaos.

Pendant cette heure de suspension d'armes, deux officiers et une vingtaine de soldats traversèrent le passage en frappant à chaque porte avec invitation aux habitants de rendre de suite armes et bagages, munitions et tout ce qui pouvait se rattacher au matériel de guerre ; de déposer immédiatement le tout sur le trottoir ; autrement une perquisition serait immédiatement faite chez ceux qui n'obéiraient pas à cet ordre, sauf ensuite à les passer par les armes dans le cas où quelque chose de compromettant serait trouvé chez eux.

Une telle injonction n'eut pas besoin d'être répétée ; aussitôt hommes, femmes et enfants se mirent en besogne. C'était à qui descendrait le premier tout ce qui compose le matériel réglementaire, sans oublier les képis, qui étaient jetés par les fenêtres.

Peut-être une heure après cette opération, on vit descendre un demi-bataillon par le passage. Tous avaient l'arme au poing. Ces hommes appartenaient au 46ᵉ de ligne.

Arrivé au bout, sur l'avenue Daumesnil, le chef épiait le moment opportun pour sortir.

Ce moment arrivé, ils partirent tous aussi prompts que l'éclair. A peine avaient-ils franchi 50 mètres environ pour se trouver en face de leurs ennemis, qu'une fusillade épouvantable se fit entendre.

Les insurgés qui se trouvaient au pied de cette fameuse barricade du boulevard Mazas venaient d'être surpris.

Comme toujours, au lieu d'être à leur poste, ils se

trouvaient en grande partie chez les marchands de vins environnants.

Le passage venait de se rendre à discrétion. On ne courait plus aucun danger de sortir, d'autant plus qu'il était gardé par les soldats de la bonne cause.

Des amateurs sortirent de chez eux et coururent de suite pour être témoins de la bataille. Je ne pus me défendre d'en faire autant.

Quand nous arrivâmes tous à l'endroit où les soldats venaient de débusquer, il n'y avait pas cinq minutes d'intervalle, la barricade était prise, le drapeau de la nation y était déjà planté en remplacement de l'immonde étendard de sang des insurgés, qui venait également d'être pris par leurs adversaires.

Aussi la joie du quartier ne tarda pas à se manifester. Les uns s'embrassaient, les autres se donnaient la main, beaucoup d'entre eux pleuraient de joie en se voyant presque assurés d'être délivrés de cette affreuse tyrannie.

C'était un mélange de monde à dérouter le plus habile observateur.

Les troupes arrivèrent successivement prendre position du quartier en y établissant de suite leur campement pour la nuit.

Cette fois elles débusquèrent en plein par le boulevard, ne craignant plus d'être foudroyées par les insurgés en arrivant de front à ce fameux rempart qui défendait l'approche de la barrière du Trône.

La nuit arrive, chacun rentre chez soi, n'étant pas encore revenu des émotions du moment.

Je me retirai dans ma chambre pour me coucher. Je n'ai pu fermer l'œil de la nuit; je faisais mille conjectures; je cherchais le moyen que j'aurais à employer le lendemain pour pouvoir arriver quelque part dans Paris où des secours me seraient accordés, me trouvant sans papiers, sans argent.

Toute la nuit on entendait le canon; dans quelle direction? on n'en savait rien.

Vers deux heures du matin, une lueur rougeâtre parut sur les murs de la maison qui se trouve vis-à-vis de ma fenêtre; elle était tellement vive que j'aurais pu écrire dans ma chambre grâce à sa clarté.

C'était un incendie!... Où avait-il lieu? Personne ne put me le dire.

Il est six heures... Je me lève; tout paraît être tranquille; on entend seulement à de courts intervalles quelques feux de peloton sous les voûtes du tunnel.

Ce sont ces misérables que l'on exécute pour avoir été trouvés les armes à la main dans les rues, déguisés qu'ils étaient et ne sachant plus où se rendre, étant traqués de tous côtés.

A TRAVERS PARIS.

Je me décide à prendre congé de mes hôtes. J'étais renseigné sur la marche à suivre pour me rendre auprès des personnes qui, je le savais, ne me laisseraient pas dans la position qu'une semblable lutte contre la mort m'avait faite.

Après avoir remercié tout le monde de la maison, que j'allais quitter avec l'espérance de venir le revoir dans de meilleures conditions, je partis pour aller directement à la Préfecture de police, afin de savoir si je rentrerais en possession de tout ce que la justice communeuse m'avait saisi.

Je descendis le boulevard Mazas, je traversai la Seine sur le pont d'Austerlitz, me heurtant à chaque pas aux cadavres des gardes nationaux qui gisaient çà et là sur les trottoirs et dans les canivaux.

Triste et douloureux spectacle à voir !

Ensuite, je longeai le Jardin des Plantes et la Halle aux Vins ; on ne se heurtait pas cette fois à des cadavres humains, mais à des chevaux qui gisaient aussi sur le sol : tous étaient dépecés, chacun ayant pu faire une provision qui devait lui servir à remplacer la viande de bœuf.

Arrivé à l'extrémité du boulevard Saint-Germain, j'allai descendre le quai des Tournelles, le quai du Parvis, longeant toujours les maisons.

Un gendarme, auprès duquel je m'étais renseigné, m'avait conseillé d'agir ainsi, attendu, me disait-il, que quelques coups de fusil étaient encore tirés par les fenêtres sur les soldats; en sorte qu'au lieu de suivre les bords de l'eau, il y avait toute sécurité à faire le contraire, c'est-à-dire à suivre la voie qui leur était opposée.

Je remerciai ce brave militaire de ce renseignement fourni avec autant d'intelligence que de bonté.

Quelle ne fut pas ma stupéfaction lorsque, arrivé sur le quai des Orfévres, je vis que le Palais de Justice, ainsi que la Préfecture, n'étaient plus qu'un monceau de ruines encore en feu !

J'avais ignoré jusqu'alors tous les désastres existants.

Par une circonstance que nous aimons à croire providentielle, au milieu de ces monceaux de décombres, la Sainte-Chapelle, avec sa flèche majestueuse lancée dans les airs, m'a paru n'avoir nullement souffert de l'affreux incendie. Il en était de même de la vieille tour avec son horloge, ainsi que des bâtiments qui l'entourent.

Chose curieuse..... ce sont, soi-disant, les plus anciens vestiges du Palais !

Maintenant, il fallait me résoudre et considérer comme perdu ce que ces *vandales de l'époque* m'avaient saisi et fait laisser au greffe dix-huit jours auparavant.

J'allais continuer ma route vers le Châtelet, quand, dans le milieu de l'avenue, un pompier m'arrête devant la grille du Palais, en me priant de vouloir bien monter au haut du pérystile pour aider à manœuvrer les pompes (cinq minutes seulement).

Je ne me le fis pas répéter.

Ma tâche remplie, je sortis aussitôt du Palais, le cœur navré de tant de désastres ; j'allai traverser le Châtelet, n'osant plus lever les yeux pour m'épargner la douleur de voir les deux grands théâtres de la place qui subissaient le même sort que le Palais de Justice.

Au bout de l'avenue Victoria, l'Hôtel de Ville, des maisons voisines, etc., etc., fumaient encore.

Je ne pouvais marcher qu'avec la plus grande peine ; cependant, je me mis à courir pour m'épargner le plus possible la vue de tant de malheurs.

Je pris la direction des Halles, et j'y arrivai par la rue qui porte ce nom ; je tournai le coin du premier pavillon à droite... un obus éclate sur l'église Saint-Eustache : personne n'est blessé ; quelques dégâts seulement ont lieu à côté du cadran qui se trouve au-dessus du poste.

Un deuxième, un troisième obus passent au-dessus de l'église... Ils étaient lancés des hauteurs du Père - Lachaise, dernier repaire de l'insurrection.

On sait que vis-à-vis la pointe de l'église, à l'entrée des rues Montmartre, Montorgueil et Turbigo, chaque matin sur la place les maraîchers de la vallée de Montmorency et des environs de Saint-Denis apportent leurs gros légumes dans des sacs, pour les vendre à une clientèle journalière qu'ils ont, pour ainsi dire, à eux toutes les fois qu'ils viennent s'installer là.

En traversant cette place, je vis au milieu une femme qui se trouvait accroupie près d'une dizaine de sacs de ces légumes, et la pauvre créature tremblait de tout son corps.

Je m'arrêtai en lui demandant pour quel motif elle était venue à Paris, et pourquoi elle s'exposait ainsi, seule, dans un pareil fracas. Le fait est que les ardoises, les verres des vitraux de l'église tombaient autour d'elle par suite des éclats d'obus qui étaient dirigés du Père-Lachaise sur le monument.

Elle me répondit d'un ton calme :

—Mais, mon bon Mosieu, qui est-ce qui vendra ma

marchandise si je ne reste pas là pour attendre les chalands?

Elle ne se trompait pas ; personne, que je sache, n'était disposé à la remplacer. Quant aux chalands, je doute fort qu'ils fussent prêts à venir.

Malgré la gravité des circonstances que nous traversions, je ne pus me défendre de rire beaucoup en moi-même de la réponse de cette bonne villageoise qui bravait pour ainsi dire la mort plutôt que d'abandonner ces quelques sacs remplis de carottes et de navets.

Me voici dans la rue Montmartre... Je file bon train le long des maisons à droite ; je traverse le boulevard, je prends la rue du faubourg, j'arrive en face de l'église Notre-Dame de Lorette, qui, soi-disant, a été dévastée à l'intérieur ; je monte jusqu'à la place Saint-Georges.

Ici, je m'arrête, non pour contempler, mais pour voir les débris de l'hôtel du chef du gouvernement, hôtel que la main de ces scélérats venait d'anéantir par la pioche.

C'est là comme à la place Vendôme, où le pied du monument du grand homme reste seul, et c'est bien inutilement que le Parisien cherche les traits du grand général, ainsi que la statue de celui qui a vaincu, il y a un demi-siècle, toutes les armées de l'Europe.

Il faut espérer que ce monument et cette habitation se relèveront bientôt, et reprendront l'éclat qu'ils avaient la veille du jour où ces mains sacriléges en avaient entrepris la destruction.

Je monte encore quelques pas; à droite, c'est la rue Breda.

J'entrai dans une des maisons dont elle se compose (au n° 3).

La veille de mon arrestation, j'étais allé rendre visite à une dame de cette maison; il avait été convenu que je reviendrais le lendemain, à dix heures, dans le but de prendre chez elle quelques lettres adressées en province, pour les mettre à la poste hors de Paris.

Le lendemain, on le sait, j'étais arrêté.

Connaissant la bienveillance toute particulière de cette dame, j'étais certain qu'en me voyant dans la situation où j'avais été jeté par les communeux, elle ne me délaisserait pas au milieu de ce Paris, qui, à proprement parler, n'était encore qu'un réchaud mal éteint.

Je sonnai donc à sa porte... On ouvre... Grand étonnement de me voir, surtout avec la mine que j'avais.

Toutefois, comme je n'étais pas revenu selon ma promesse, la maîtresse de la maison avait eu le pressentiment qu'il m'était survenu quelque malheur.

Je lui racontai sommairement tout ce qui m'était arrivé, les divers dangers que j'avais courus et l'état dans lequel je me trouvais.

Elle me vint de suite en aide, suivant mes besoins, car ma figure portait les traces de souffrances que commençait à occasionner le tourment de la faim.

Je pouvais, en outre, écrire de suite aux personnes que j'avais quittées trois semaines auparavant, et qui s'attendaient à me revoir le lendemain du jour où je leur avais fait mes adieux.

Inutile de dire que dans leur bonne et cordiale affection pour moi, elles devaient éprouver quelque anxiété à mon sujet, d'autant plus qu'à chaque départ, elles craignaient toujours ce qui m'est finalement arrivé.

Je n'ignorais pas qu'en faisant la navette entre Paris et Versailles, je courais un véritable danger. J'avais promis et devais tenir ma promesse, puisque c'était dans les limites du possible.

Mais, comme la pauvre alouette (joyeuse malgré le péril), j'avais compté sans l'autour aux serres cruelles.

Je veux parler de la police infernale des chefs de la Commune.

En sortant du quartier Breda, je me dirigeai vers la place Clichy par le boulevard du même nom. Lorsque je passais aux pieds de la statue du maréchal

Moncey, j'avais la tête baissée ; un gavroche, me tirant de ma distraction, me fit remarquer qu'un obus avait enlevé le haut d'une des bottes du maréchal ; et comme si l'esprit parisien devait percer partout, même au milieu des plus grands maux, ce gamin me dit avec ce ton hardi, sinon effronté, qui caractérise ces sortes d'enfants :

—Je savais bien qu'il y avait des sans-culottes, monsieur, mais pas de généraux sans bottes. Me direz-vous pourquoi ? »

Je n'avais point à répondre et je ne répondis rien en effet, tout occupé que j'étais de garder le souvenir de cette réflexion pour la citer opportunément s'il y avait lieu.

J'arrive au n° 3 de l'avenue de Clichy, au café qui porte le nom du maréchal.

C'est une de ces maisons exceptionnelles, où l'on peut respirer en toute sécurité, et dont la clientèle se compose d'hommes honnêtes, paisibles, presque tous du même bord, et laissant d'ailleurs de côté toute préférence politique de parti pris.

Les chefs sont d'une affabilité, d'une loyauté e d'une bonté peu communes.

Je savais que le maître de l'établissement avait quitté Paris, comme tant d'autres avaient fait avec raison, pour échapper à la tyrannie des chefs de la Commune ; du reste, bien lui en avait pris.

En voici la preuve par l'extrait suivant d'une par
faite authenticité :

<table>
<tr><td>COMMUNE
DE PARIS
—
17ᵉ LÉGION
—</td><td>CONSEIL DE LA 17ᵉ LÉGION
—

MAIRIE DES BATIGNOLLES
—</td></tr>
</table>

Paris, le 20 mai 1871.

En exécution du décret de la Commune en date
du mois d'avril.

Le citoyen Poulin, demeurant
se rendra dans les vingt-quatre heures, à la Mairie,
bureau d'enrôlement du 17e, au rez-de-chaussée,
pour être incorporé dans un des bataillons de la
légion.

Faute par ledit citoyen de se rendre à cet appel,
il sera recherché et traduit devant le Conseil de
guerre comme réfractaire.

Signé : GEORGE.

Quoique ce fût le 21 mai, jour de l'entrée dans
Paris des troupes françaises et amies de l'ordre, ces
barbares, qui étaient à leur agonie, ces zélés, ces
fanatiques disciples du terrorisme avaient encore
l'espérance de vaincre.

Combien de bons citoyens n'ont-ils pas disparu
sans retour dans les divers arrondissements, pour
ne pas avoir voulu marcher dans les derniers jours !
Le 22, Millière, un des membres de la Commune, en
faisait fusiller trente sur la place du Panthéon.

Mais aussi, comme un trop juste châtiment de ses

forfaits, il était lui-même fusillé deux jours après par les troupes libératrices, précisément à l'endroit où ces trente malheureuses victimes avaient succombé.

Il n'y avait que la patronne à laquelle j'avais parlé la veille de mon arrestation.

Lorsque j'entrai, elle éprouva le même étonnement que la dame de la rue Breda, car elle avait eu les mêmes pressentiments.

Elle s'offrit de suite à me venir en aide, disant que je ne devais pas me gêner.

Ce fut pour moi une grande consolation de savoir que désormais mon estomac serait à l'abri de la faim en attendant que je pusse régulariser ma position pour sortir de Paris et retourner à la Garenne-Colombes, dans mon humble demeure. Comme j'avais pris un repas, je demandai une tasse de café pour le compléter. Si on savait apprécier la vertu du moka, bien des gens ne le boiraient pas avec indifférence comme on le fait si souvent. Il faut en avoir été absolument privé comme moi pendant vingt jours pour en reconnaître tous les bienfaits.

Ne voulant pas m'attarder pour me rendre à mon hôtel de la rue Bonaparte, car j'ignorais encore s'il n'était rien arrivé à cette bonne dame que j'avais quittée deux heures avant mon arrestation, je pris aussitôt congé des personnes qui venaient de m'accorder une si franche et si cordiale hospitalité, en me promettant d'y retourner le lendemain.

Je passai par l'hôtel des Postes, rue Jean-Jacques-Rousseau, afin de faire partir mes correspondances.

J'arrive, j'expédie mes lettres, puis je prends le chemin le plus court pour me rendre dans le faubourg Saint-Germain.

Il était huit heures lors de mon arrivée rue Bonaparte.

J'entre, j'ouvre la porte du bureau, où j'aperçois la maîtresse de la maison. Je vis avec plaisir que sa santé n'était pas altérée, malgré les émotions de la guerre civile et les angoisses qu'elle avait eues, surtout lorsqu'il avait été question de faire sauter l'école des Beaux-Arts, son hôtel touchant au palais.

Elle vient de suite au-devant de moi, me prend la main et veut m'embrasser, sachant, me dit-elle, que j'avais été arrêté, et n'ignorant pas davantage les dangers que j'avais courus durant ma captivité.

Pendant mon séjour à la Conciergerie, j'avais eu occasion de faire passer une lettre à un ami, avec prière de tenter quelques démarches dans le but d'écarter ou du moins d'amoindrir les dangers que je courais.

Par une coïncidence toute particulière, cette dame fut avertie de ce qui m'était arrivé par l'intermédiaire d'une personne que mon sort inquiétait ou préoccupait comme de raison.

Elle se mit aussitôt à faire des démarches pour moi. Elle se rendit deux fois à la Préfecture sans pouvoir obtenir la permission de me voir, de me parler ni de laisser à l'employé chargé des commissions de quoi me venir en aide pour alléger mes souffrances.

Pour toute réponse il lui fut dit qu'une permission du parquet était nécessaire.

Lequel ?

Un composé de brigands de la pire espèce qui changeaient chaque jour de figures, des hommes qui n'étaient en général ni plus ni moins que des rebuts de bas étage souillés par la débauche,

Tel était l'ensemble du parquet de la Commune.

En toutes choses il n'y a pas de règle sans exception, mais il est ici à peu près de toute évidence qu'aucune n'était à faire.

Néanmoins je ne voudrais pas affirmer outre mesure ni rien exagérer, car il n'appartient qu'à celui qui sonde les cœurs de les juger.

Après les émotions d'une semblable journée je montai dans ma chambre, que j'avais quittée le 9, à six heures du matin.

Ce ne fut pas sans avoir eu à essuyer auparavant quelques petits reproches de cette dame, pour n'être pas venu la voir directement, le matin, en sortant de faire la chaîne au Palais de Justice...., reproches qui eussent été fondés si je n'avais eu des raisons plus ou moins importantes d'agir autrement, et qui m'excusaient complétement vis-à-vis d'elle...

Je dormis deux heures environ d'un profond sommeil.

Le restant de la nuit je fus tout agité d'avoir vu de semblables désastres dans la journée et d'entendre encore gronder le canon insurrectionnel, bien qu'au loin.

Je me levai le matin à huit heures.

C'était le jour de la Pentecôte.

Ma première pensée fut d'aller entendre la messe à Saint-Germain-des-Prés, une des églises de Paris qui restait ouverte.

Après la messe, j'allai directement à Passy jusque dans la rue du Bouquet-de-Longchamp, en suivant les rues de l'Université, jusqu'au boulevard Bosquet, pour aller traverser la Seine sur le pont de l'Alma, la place ainsi qu'une partie de l'avenue de l'ex-Empereur, que je montai jusqu'au phare, afin d'arriver ensuite au but de ma course.

Pendant ce temps, on entendait encore distinctement et avec force le canon, les mitrailleuses et les feux de peloton qui ne cessaient.

Il était une heure ; à quatre tout se trouvait fini. La dernière agonie de ces hommes de triste mémoire venait d'avoir lieu. On sait, d'après les récits les plus authentiques, qu'ils ne voulaient pas se rendre et que presque tous, étant désarmés et n'ignorant pas ce qui les attendait, se servaient de leurs couteaux et de leurs dents pour combattre.

En sortant de la rue du Bouquet-de-Longchamp, j'allai descendre la rue Croix-Boissière jusqu'à l'avenue du Roi-de-Rome que je suivis jusqu'à la place de l'Étoile.

J'arrivai sur cette place en même temps qu'une tête de colonne et un régiment de cavalerie légère, armée et prête à faire feu sur trois mille insurgés conduits, disait la foule, au château de la Muette, siége d'une cour martiale, pour y être interrogés sommairement et passés ensuite par les armes en cas de culpabilité grave.

Tous étaient au milieu de la colonne attachés de front, quatre par quatre, la capote ou la veste retournée à l'envers et le képi à la main, dernière des ignominies pour ceux qui, en pareilles circonstances, sont faits prisonniers et pris les armes à la main.

Beaucoup de ces prisonniers portaient l'uniforme de l'infanterie de ligne. On m'a assuré que la majeure partie était du 88ᵉ, dont on connaît l'acte de lâcheté au 18 mars.

Parmi les autres on remarquait des femmes, des enfants (la plupart ne paraissaient pas avoir quinze ans).

On y voyait également des vieillards, dont un pouvait à peine marcher et semblait succomber sous le poids de l'âge.

Qui pourrait peindre toutes ces figures ignobles ayant encore la rage au cœur, à en juger par leurs seuls regards?

Les curieux qui faisaient la haie, et il n'en manquait pas, leur lançaient presque tous des propos trop justement mérités et qu'il est inutile de rapporter.

Après la fin du défilé, qui ne dura pas moins de vingt minutes, je me dirigeai par l'avenue Friedland pour gagner la rue du Faubourg-Saint-Honoré.

Arrivé en face de l'église Saint-Philippe-du-Roule (à bon jour, bonne œuvre), j'entrai dans cette église et j'assistai au salut.

Après l'office je me dirigeai chez moi, toujours sous des émotions que l'on comprend, et bien plus grande encore que celles dont j'eus à subir l'épreuve pendant tout le temps que j'étais en prison.

Il appartient à des auteurs compétents d'écrire l'histoire, tant autour qu'à l'intérieur de Paris, des soixante et onze jours qui viennent de se clore..... histoire à jamais mémorable, que les générations futures croiront difficilement, tant à cause des cruautés qui s'y sont commises que par la ténacité des monstres qui en étaient la cheville ouvrière.

CONCLUSION

—

Il faut réellement que l'homme soit soutenu par une grande force morale pour se maintenir quand même dans le droit chemin et ne pas faire cause commune avec la tourbe populaire, lorsque la fatalité le fait assister à des événements aussi terribles que ceux j'ai traversés.

Dans les premières pages de ce récit j'ai voulu dissimuler en disant :

« Que dans la seconde poche de mon pantalon on m'avait saisi quelques papiers insignifiants. »

Si j'ai voilé ainsi la vérité, j'avais des raisons graves de le faire, sachant à quoi les communeux étaient propres et ce dont ils étaient capables.

C'est dans ma cellule de Mazas que j'écrivis les premières pages de ce mémoire.

Si ce qui était déjà fait eût été saisi, les passages énumérés plus loin devant se trouver en tête, je n'ignorais pas ce qui aurait pu m'arriver.

Voici ce dont il s'agissait.

Tous les deux jours j'allais de la Garenne à Paris et réciproquement de la Garenne à Versailles.

Mes voyages à Paris avaient principalement pour but d'en étudier la physionomie, de prendre les plus mauvais journaux de la Commune, les pamphlets et les caricatures, en faire un rapport général de ce que j'avais vu et entendu et le lendemain de porter à qui de droit le tout à Versailles.

La veille de mon arrestation, je couchai à Paris pour aller au club Saint-Eustache.

Le lendemain, je me levai de bon matin pour écrire mon rapport (il devait être assez long par suite de tout ce que j'avais vu et entendu), pour prendre ensuite la route de Saint-Denis et me diriger sur Versailles, afin de regagner le temps perdu, car les événements grossissaient chaque jour.

Arrivé à la barrière de la Chapelle, on connaît le reste.

Dans le trajet du poste à la prison de Montmartre, j'étais parvenu à tirer de ma poche ces fameux papiers, et sous ma blouse je les tordis si fortement, que je finis par en arracher une partie en laissant couler les fragments.

C'étaient bel et bien ces mêmes papiers qui devaient me perdre si on venait à me fouiller chez le commissaire, et c'est précisément ce qui est arrivé.

Ainsi que je l'ai raconté plus haut, après m'avoir pris un paquet de linge et mes journaux, on me saisit encore mon portefeuille, contenant des valeurs qui ne m'appartenaient pas, un certificat délivré en 1863 par le maire de mon pays, certificat que je conservais précieusement comme émanant d'un administrateur intègre, franc et loyal envers tout le monde autant que possible.

Il est mort après avoir bien mérité de son pays.

Restaient donc les papiers insignifiants, point capital de ma culpabilité.

Afin de pouvoir lire les parties intactes, il fallait les rassembler comme on pouvait; c'est ce que l'on fit en prenant beaucoup de précaution.

Trois points surtout paraissaient intéresser le commissaire.

Il fallait arriver à les déchiffrer; ce n'était pas chose facile, tant le papier avait été tordu.

Sur le premier on lisait :

« J'ai rencontré à la place Clichy quatre corbillards se dirigeant vers le cimetière Montmartre et suivis d'un nombreux cortége.

« Chacun d'eux était enguirlandé d'un drapeau rouge à chaque coin.

« Les drapeaux étaient tous surmontés de grands crêpes.

« En tête de tout le cortége marchaient :

9.

« 1° Un peloton de fusiliers de la Commune,

« 2° Tambours et clairons ;

« 3° Une cantinière ;

« 4° Un peloton de canonniers ;

« 5° Une musique militaire ;

« 6° Un porte-drapeau avec son piquet ;

« 7° Un maître des cérémonies.

« Les quatre corbillards étaient séparés les uns des autres par les familles et les amis respectifs.

« Derrière le premier, un gros et grand gaillard suivait, le chapeau à la main, avec une grande écharpe rouge en sautoir.

« Aucun ministre de la religion ne s'y trouvait.

« Le cortége était fermé par un peloton de fusiliers. »

Ce qui a paru vexer le plus le commissaire, c'est que je finissais ma phrase par ces cinq mots :

Piteuses figures avec beaucoup d'embarras.

N'était-ce pas bien la vérité ?

Cette cérémonie inique souleva mes dégoûts et me confirma dans la résolution que j'avais prise de contribuer à renverser l'échafaudage que les hommes de la Commune voulaient ériger sur les ruines de la nation française.

Lorsque le lugubre cortége eut défilé devant moi, je m'armai de courage et continuai mes pérégrinations au milieu du volcan qui commençait à s'embraser.

Le deuxième point était le compte rendu d'une excursion que je venais de faire autour de Montmartre.

J'énumérais toutes les barricades qui se construisaient depuis le boulevard Ornano jusqu'à la place Clichy; j'indiquais si elles étaient plus ou moins avancées, et combien il y avait d'embrasures à chacune d'elles, tant de front qu'en flanc et de côté.

Je finissais en disant :

« Nul doute pour moi qu'en cas d'une débâcle de la part des *insurgés* (que l'on remarque bien ce dernier mot), ils n'aient l'intention parfaitement arrêtée de se réfugier sur et autour de la butte pour s'y fortifier et s'y défendre. »

Le mot *insurgés* parut blesser encore davantage le commissaire que les cinq mots précités.

Le troisième point avait été lacéré; il relatait une partie de la séance du club de Saint-Eustache.

Il était exactement écrit, comme à la première page de ce travail.

Enfin le commissaire me dit d'une voix assez douce cependant :

— Je vais vous envoyer à la Préfecture vous débarbouiller avec tout cela.

Comme je ne soufflai mot, son remplaçant prit la parole et dit :

— Le meilleur moyen, ce serait de le débarbouiller avec du plomb, et le plus tôt possible.

Voilà qui n'était pas trop rassurant à entendre.

Cependant il avait raison, si nous nous plaçons au point de vue de la Commune, aux yeux de laquelle je l'avais bien gagné, il faut en convenir.

Deux mots encore.

Mon aïeul maternel est mort depuis une quarantaine d'années, après avoir été quarante-trois ans le magister de mon village.

C'était un honnête homme, probe et charitable, ressemblant quelque peu au bon Chapelle (1).

Ce bon vieillard donnait souvent pour exemple à ses élèves cette maxime trop souvent mise en oubli à l'époque où nous vivons :

« L'homme, jeté par Dieu sur la terre, y périrait faute d'appui.

(1) (Maigrot. Extrait de l'*Illustration littéraire*, p. 61.) Chapelle (Louis-Marie Lullier), né à la Chapelle Saint-Denis, en 1624, mort à Paris en 1689, membre de l'Académie française.

Il aimait passablement à fêter le dieu Bacchus. Sa gaieté, son insouciance lui avaient fait de nombreux amis.

Boileau, cependant, le sermonnait de temps à autre sur son penchant.

Chapelle l'écoutait, promettait de se corriger, et ne se laissait pas moins aller toutes les fois que l'occasion se présentait.

Un matin qu'il avait déjà fait d'amples libations, il se trouva tout à coup au détour d'une rue en face de son Mentor (Boileau).

Celui-ci recommença ses sermons avec un redoublement d'onction et de verve. Chapelle l'écouta d'un air contrit, feignit de goûter ses raisons, le poussa dans un cabaret pour qu'il pût moraliser plus à l'aise et le fit griser avec lui.

« Aidez-le dans la misère et dans l'adversité. »

Belle parole pour tous, mais particulièrement douce à ceux qui ont appris à s'aimer les uns les autres et à se respecter.

Je n'avais pas atteint ma douzième année quand il est mort; malgré mon jeune âge, ces quelques lignes n'en sont pas moins toujours restées gravées dans ma mémoire.

Combien d'hommes parmi les vaincus qui, après avoir reçu une bonne éducation (peut-être), au lieu de se lancer dans le monde par un travail honnête, se sont livrés à la débauche, de la débauche à la perversité, pour arriver au pas de course sur le bord de l'abîme sans pouvoir s'y arrêter, en tombant jusqu'au fond par leurs utopies subversives.

Les voilà donc perdus, ces hommes envers qui la justice aura bientôt à sévir.

Toutefois, au lieu de laisser tomber sur eux des paroles de mépris, il faut reconnaître qu'il y en a beaucoup qui méritent quelque indulgence, plus particulièrement ceux qui ont été forcés de marcher contre leur gré, sous l'empire de menaces plus ou moins énergiques et trop souvent accompagnées de voies de fait.

Quel que soit le nombre de ces victimes, il est toujours beaucoup trop grand.

Mais arrière l'indulgence pour ces criminels sanguinaires qui, au début de cette épouvantable révolution, n'ont pas craint de tremper leurs mains dans le sang de deux de nos illustrations militaires des plus distinguées.

Ils ont fini malheureusement encore par le tremper également dans celui des plus grandes dignités du pays... *la magistrature et le clergé.*

Pour ces abominables sicaires, l'on devrait dresser une table d'infamie afin d'y graver leurs noms flétris, pour que les générations présentes et futures puissent dire : *Ils sont morts comme ils avaient vécu.*

Je pars aujourd'hui pour la Garenne, afin d'aller m'y reposer pendant quelques jours, et en même temps remercier Dieu de m'avoir épargné.

Dans ma chambre, 10, rue Bonaparte,
le. . . . . 1871.

UN PAYSAN DE SON VILLAGE.

TABLE DES MATIÈRES

2638. — Paris. Imprimerie ÉDOUARD BLOT et FILS AÎNÉ, rue Bleue, 7.

CATALOGUE

d'une belle et rare collection

D'OBJETS D'ART

ANTIQUITÉS,

MÉDAILLES GRECQUES ET ROMAINES,

Camées, Pierres gravées, Vases peints, Bronze, Marbres, Mosaïques, Nielles et Émaux,

TABLEAUX ET DESSINS

ANCIENS ET MODERNES DE GRANDS MAITRES,

ESTAMPES ANCIENNES ET MODERNES,

LIVRES SUR LES ARTS,

Composant le Cabinet de feu **M. N. Revil,**

DONT LA VENTE AURA LIEU

Les lundi 24 février 1845 et les cinq jours suivants,

HEURE DE MIDI,

RUE DES JEUNEURS, 16,

SALLE N. 2,

Par le ministère de Mᵉ **BONNEFONS DE LAVIALLE**, Commissaire-Priseur,

Assisté de MM. **ROUSSEL** et **DEFER**, Experts dirigeant la vente.

EXPOSITION PUBLIQUE

Les samedi 22 et Dimanche 23 février 1845, de midi à quatre heures.

Se distribue à Paris,

Chez MM.
- BONNEFONS, Commissᵉ-Priseur, rue de Choiseul, 11.
- ROLLIN, Antiquaire, rue Vivienne, 12.
- ROUSSEL, Expert, rue des Saints-Pères, 58.
- DEFER, Expert, quai Voltaire, 19.

1845

Paris. — Imprimerie de MARTINET et RENOU, rue Bailleul, 9-11.